CONTENTS [目次]

『ワード・バイ・ワード イラスト辞典』では、3,000 語以上の単語を生き生きとした楽しいイラストの中で紹介しています。各ページには各単語を用いて使える会話文（ダイアログ）を掲載し、学習者が日常の様々な状況において効果的にコミュニケーションを行うために即必要な単語の学習を促します。また、この二ケ国語版では、日本語を併記しておりイラストではもちろんのこと日本語でも英語の意味を確認することができます。（可能な限り日本語訳を左側に併記し、訳を隠しても使えるようにつくられています）

『ワード・バイ・ワード』では、単語は100のテーマに分類され、それぞれについて単語の意味だけでなく、学習者が即使うことができる簡単な例文から会話一般にいたるまで幅広いレッスンが提供されています。前半の課では［家族］や［家］について、そしてその後に続く課では［日常生活の動作］、［地域社会］、［学校］、［職場］、［買物］、［レクリエーション］などについてカバーしています。また、『ワード・バイ・ワード』は日常重要となる生活スキルを幅広く包括し、学校の教科や課外活動における単語等も収録しています。そして、各課はそれぞれ独立していますので、最初の課から順番に使っても、好きな課から始めても使えます。

ご使用になる方の便宜を図り、ワード・バイ・ワードは2通りの索引を掲載しています。1つは、ページ順の［目次］、そしてもう1つがアルファベット順にした［項目別索引］です。これらを巻末付録の単語索引とあわせて使えば、お使いの学習者や先生が容易に単語トピックをこのイラスト辞典の中で見つけることができます。
ワード・バイ・ワード イラスト辞典は様々なレベルに対応できる「ワード・バイ・ワード単語増強コース」の中心となるテキストです。この日本語併記の二ケ国語版、そして本書のオリジナルでもある英語版テキストの他に、3レベルのワークブック (Literacy, Beginning, Intermediate)、先生用リソースブック(Teacher's Resource Book & Activities Masters)、ボキャブラリー教授戦略ハンドブック (Handbook of Vocabulary Teaching Strategies)、オーディオ・テープ、ウォール・チャート、カラーOHPシート(Transparencies)、ゲームカード、ソング・アルバム、ソング・ブック、テスト・プログラムとシリーズの構成も充実しています。

教科書として使用される先生方へーその教授戦略ー

『ワード・バイ・ワード』は単語を文脈の中で紹介しているこれまでにない画期的なピクチャー・ディクショナリーです。各ページのモデル・カンバセーション（会話例文）は、その単語が実際のコミュニケーションの中で使われる状況を提示しています。この例文を基礎にして学習単語を生き生きとした会話の中で用い、学習者同士が相互的に習得していくことを可能としました。また、各課には簡単なライティング及びディスカッションの質問項目を設け、学習者が自分自身や文化について、自分の経験、考え、意見、情報などを分かち合いながら、各課の単語やテーマを自分の生活に関連づけて理解できるように配慮されています。こうして学習者は文字通り "単語ごとに (word by word)" それぞれを習得していきます。

『ワード・バイ・ワード』を使いながら、生徒のニーズや能力、そして先生ご自身の教授法にあったアプローチや教授戦略を開発されることをおすすめします。各課の単語を紹介し練習する上で、お役に立ちそうな教授テクニック法を下記に紹介しています。ご参考下さい。

1. 単語のプレビューイング：ウォームアップとして、学習する前に生徒がすでに知っている単語等があればそれらをうまく引き出していく。その課の単語をブレーンストーミング的に生徒に当てさせてみる／黒板に書き出す／付属のウオール・チャート、OHPシート、テキストのイラストを見せる等、これらのアクティビティを行って生徒がよく知っている単語を認識する。

2. 単語の提示：まず各単語のイラストを指摘し、単語を先生が口に出して紹介する。その後クラス全体または一人一人で単語を復唱させる。生徒が各単語の意味を理解し、発音していることを確認する。

3. 単語演習：クラス全体で、ペアで、または小グループで生徒に単語演習をさせる。先生が単語を口に出すか、書き出し、その後生徒にその単語をあらわしているイラストを指摘させるか番号を言わせる。また、逆に先生がイラストを指摘するか、番号をあげその後生徒に単語を言わせる。

4. モデル・カンバセーション演習：モデル・カンバセーション（会話例文）の箇所において用いられている単語は、その課の単語リスト上最初に出てくる単語であるか、または単語を入れかえられるようその単語の部分は下線が引かれ空欄になっている。空欄の場合、［ ］内に示された数字の単語を例文に用いることが可能。また、［ ］のついた数字が例文に示されていなければ、そのページの単語すべてをあてはめることが可能。

モデル・カンバセーション演習では、次のステップですすめていくことをおすすめします。

   a. プレビュー：生徒にモデルとなっている例文脇のイラストを見せ、生徒にその会話はだれが話しているのか、どこでその会話がなされているのかを考えさせ、ディスカッションをさせる。

   b. 例文を提示し、生徒がその会話の状況と単語の意味を理解していることを確かめる。

   c. 会話の各文をクラス全体で、または生徒一人一人で復唱させる。

   d. モデル・ダイアログを生徒同士ペアで練習させる。

   e. ペアとなった生徒一組に、例文に基づいた新しい会話を発表させる。その際単語リストに載っている別の単語を使わせる。

   f. 生徒同士ペアを組ませ、例文に基づいた新しい会話を数文練習させる。その際それまでに未使用の単語を用いる。

   g. 何組かのペアに自分たちがつくった会話をクラスで発表させる。

5. 補足会話演習：リスト内の単語を用いた会話演習の発展として、多課に渡り空所補充形式の補足会話文をそれぞれ2つ掲載している。（ページ下の黄色い部分）。生徒にこれらの例文を練習させ、その後使いたい単語を例文にあてはめて発表させる。

6. ライティング及びスペリング演習：クラス全体で、ペアで、または小グループで単語のスペリング演習を行う。先生が単語を言うか、単語の綴りを口に出して言い、生徒にその単語を書きとらせ、その単語のイラストを指摘させるか番号を言わせる。または、逆に先生がイラストを指すか番号を言い、生徒にその単語を書かせる。

7. ディスカッション、作文、日記、生徒の作品集としてのテーマ：『ワード・バイ・ワード』では各課にディスカッション、作文のための質問が1つ以上掲載されている（ページ下の緑色の部分）。クラス全体で、ペアで、または小グループで生徒にその質問に対して応えさせる。または、それらを宿題として書かせたり、その作文を他の生徒と交換させたりし、その後クラス全体で、ペアで、または小グループでディスカッションを行ってみる。

書いた作文を日記として残していくのもまた楽しく学習する一つの方法といえる。 時間に余裕があるなら、各生徒の日記を読み、生徒の書いたことに応えるだけではなく、先生自身の意見や経験を書き加えてみるのもよいかもしれない。

また、生徒の作品を成果記録としてとっている先生方にとって、これらの作文は生徒の英語学習の進歩度を計る最高の資料にもなりえる。

8. コミュニケーション・アクティビティ：「ワード・バイ・ワード先生用リソースブック」は多彩なゲーム、タスクベース演習、ブレーンストーミング、ディスカッション、絵描き、ジェスチャー、ロールプレイなど多様なアクティビティを収録しており、先生の様々なレベルや能力、学習スタイルにうまく対応できるよう設定されている。このリソースブックから各課に対し1つか2つぐらいのアクティビティを選び、その生徒の意欲を高めるクリエイティブかつ楽しい手法で生徒の単語学習を強化していく。

ワード・バイ・ワードは、生徒のコミュニケーション能力を高めながら、意味のある、そして生き生きとした英単語演習を提供することを目的としています。私たちがつくったこのコースの本質を伝える上で、私たちが信じる教育理念も今ここでご理解いただけましたら誠に幸いです。この理念とは、すなわち単語学習は生徒自らによる真の相互コミュニケーションであるべきで、生徒の生活に密接に関連し、生徒の能力や学習スタイルにどのようにでも対応でき、そして何よりも楽しくあるべきである、ということです。

                  スティーブン・J・モリンスキー
                      ビル ・ ブリス

                 （日本ELT編集部訳）

A. What's your **name**?
B. *Nancy Ann Peterson.*

名前 **1.** name	住所 **5.** address	州 **10.** state
名 **2.** first name	番地 **6.** street number	郵便番号 **11.** zip code
ミドルネーム **3.** middle name	通り（町）**7.** street	市外局番 **12.** area code
名字 **4.** last name/family name/surname	住宅番号 **8.** apartment number	電話番号 **13.** telephone number/ phone number
	市 **9.** city	社会保障番号 **14.** social security number

A. What's your _____?
B. ....
A. Did you say ....?
B. Yes. That's right.

A. What's your last name?
B. ....
A. How do you spell that?
B. ....

Tell about yourself:
    My name is ....
    My address is ....
    My telephone number is ....
Now interview a friend.

A. Who is she?
B. She's my **wife**.
A. What's her name?

A. Who is he?
B. He's my **husband**.
A. What's his name?

妻 **1.** wife
夫 **2.** husband

両親 **parents**
田 **3.** mother
父 **4.** father

子供 **children**
娘 **5.** daughter
息子 **6.** son
姉/妹 **7.** sister
兄/弟 **8.** brother
赤ん坊 **9.** baby

祖父田 **grandparents**
祖田 **10.** grandmother
祖父 **11.** grandfather

孫 **grandchildren**
孫娘 **12.** granddaughter
孫息子 **13.** grandson

A. I'd like to introduce my _____.
B. Nice to meet you.
C. Nice to meet you, too.

A. What's your _____'s name?
B. His/Her name is ....

Tell about your family.
Talk about photos of family members.

A. Who is she?
B. She's my **aunt**.
A. What's her name?

A. Who is he?
B. He's my **uncle**.
A. What's his name?

おば **1.** aunt
おじ **2.** uncle
めい **3.** niece
おい **4.** nephew

いとこ **5.** cousin
義母 **6.** mother-in-law
義父 **7.** father-in-law
義理の息子 **8.** son-in-law

義理の娘 **9.** daughter-in-law
義理の兄/弟 **10.** brother-in-law
義理の姉/妹 **11.** sister-in-law

A. Is he/she your _____?
B. No. He's/She's my _____.
A. Oh. What's his/her name?
B. …………

A. Let me introduce my _____.
B. I'm glad to meet you.
C. Nice meeting you, too.

Tell about your relatives:
  What are their names?
  Where do they live?
Draw your family tree and talk
  about it.

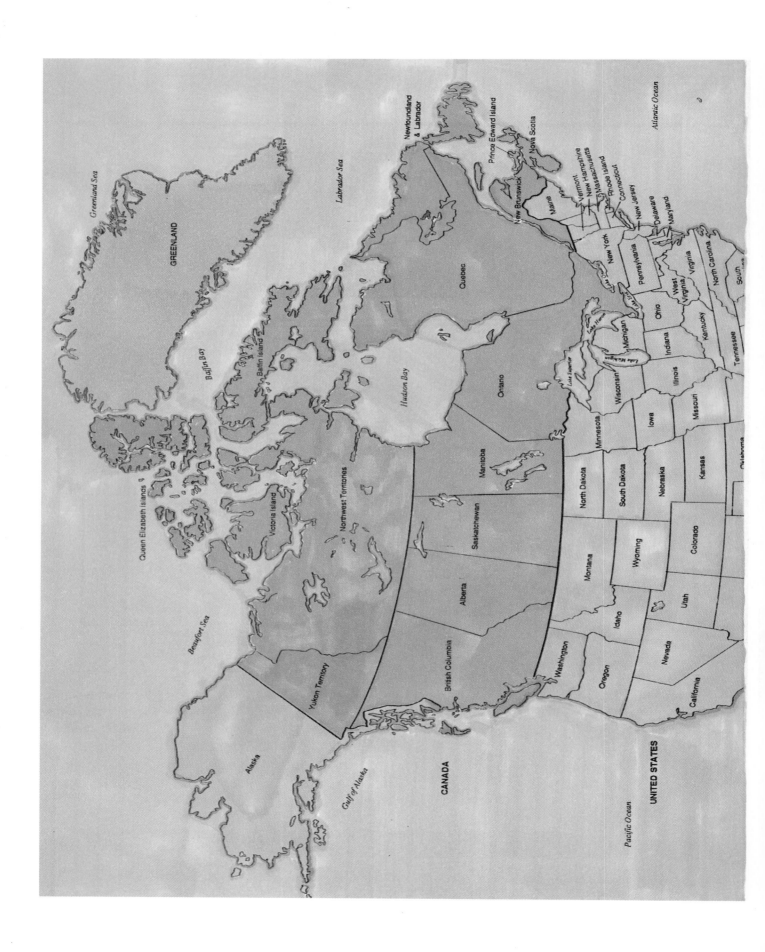

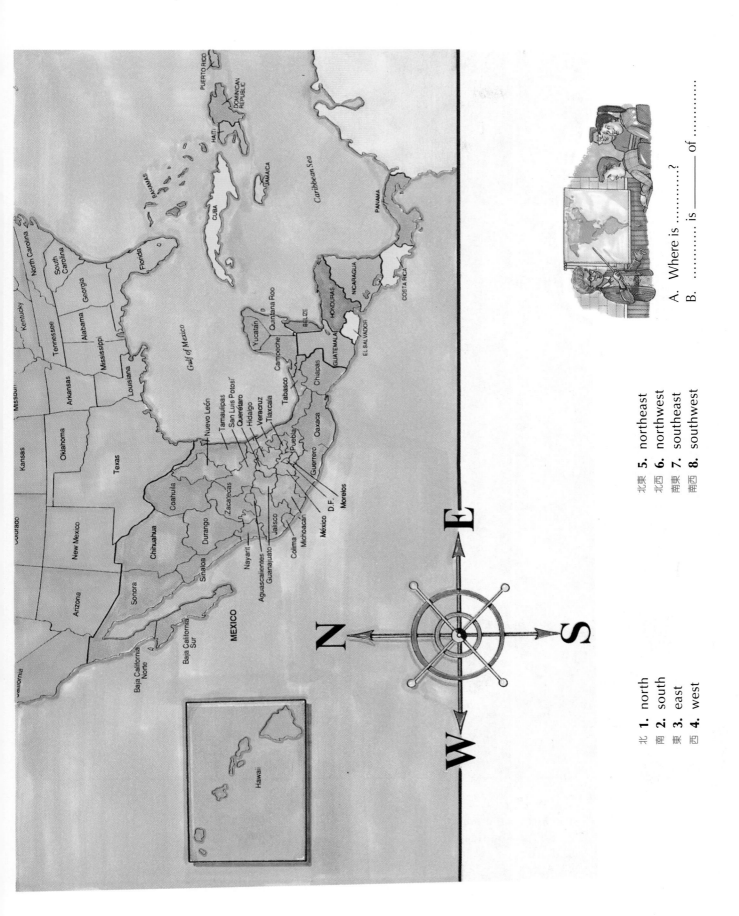

1. north 北
2. south 南
3. east 東
4. west 西
5. northeast 北東
6. northwest 北西
7. southeast 南東
8. southwest 南西

A. Where is .... ?
B. .... is ——— of ....

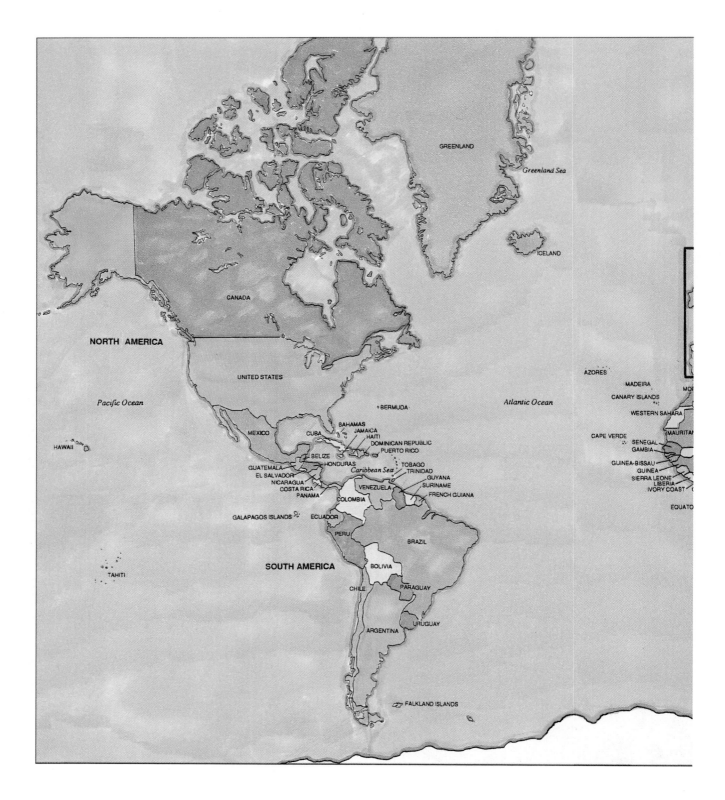

北アメリカ **1.** North America

南アメリカ **2.** South America

ヨーロッパ **3.** Europe

アフリカ **4.** Africa

中東 **5.** The Middle East

アジア **6.** Asia

オーストラリア **7.** Australia

南極 **8.** Antarctica

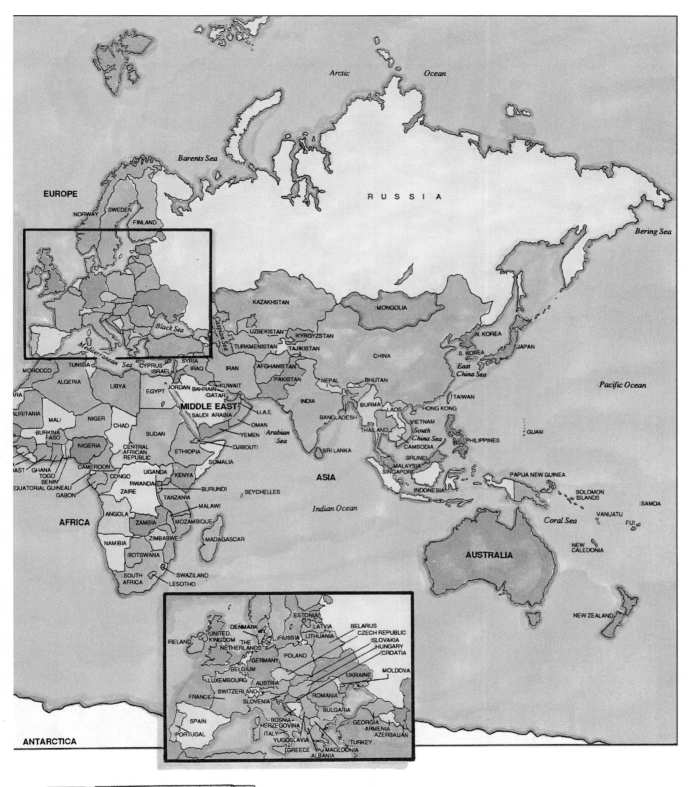

A. Where's ....?
B. It's in _____.

A. What ocean/sea is near ....?
B. The .... Ocean/Sea.

A. What do you do every day?
B. I **get up**, I **take a shower**, and I **brush my teeth**.

起床する	**1.**	get up
シャワーを浴びる	**2.**	take a shower
歯をみがく	**3.**	brush *my** teeth
歯間そうじをする	**4.**	floss *my** teeth
ひげをそる	**5.**	shave
服を着る	**6.**	get dressed
顔を洗う	**7.**	wash *my** face

化粧をする	**8.**	put on makeup
髪をブラシでとかす	**9.**	brush *my** hair
髪をくしでとかす	**10.**	comb *my** hair
ベッドを整える	**11.**	make the bed
服を脱ぐ	**12.**	get undressed
風呂に入る	**13.**	take a bath
床につく	**14.**	go to bed

眠る	**15.**	sleep
朝食を作る	**16.**	make breakfast
昼食を作る	**17.**	make lunch
夕食を作る	**18.**	cook/make dinner
朝食を食べる	**19.**	eat/have breakfast
昼食を食べる	**20.**	eat/have lunch
夕食を食べる	**21.**	eat/have dinner

*私の，彼の，私達の，あなた（達）の，彼（女）らの   *my, his, our, your, their

A. What does he do every day?
B. He _____s, he _____s, and he _____s.

A. What does she do every day?
B. She _____s, she _____s, and she _____s.

What do you do every day? Make a list.
Interview some friends and tell about their everyday activities.

A. Hi! What are you doing?
B. I'm **clean**ing **the apartment**.

家の掃除をする	**1.** clean the apartment/ clean the house	アイロンをかける	**7.** iron	読書する	**14.** read
床を掃く	**2.** sweep the floor	赤ちゃんに	**8.** feed the baby	遊ぶ	**15.** play
ほこりを払う	**3.** dust	食事をさせる		バスケットボールをする	**16.** play basketball
掃除機をかける	**4.** vacuum	ネコにえさを与える	**9.** feed the cat	ギターを弾く	**17.** play the guitar
皿を洗う	**5.** wash the dishes	犬を散歩させる	**10.** walk the dog	ピアノの練習をする	**18.** practice the piano
洗濯をする	**6.** do the laundry	テレビをみる	**11.** watch TV	勉強する	**19.** study
		ラジオを聞く	**12.** listen to the radio	運動する	**20.** exercise
		音楽を聞く	**13.** listen to music		

A. Hi, ...! This is ....
What are you doing?
B. I'm _____ing. How about you?
A. I'm _____ing.

A. Are you going to _____ today?
B. Yes. I'm going to _____ in a
little while.

What are you going to do tomorrow?
Make a list of *everything* you are
going to do.

A. Where's the **teacher**?
B. The **teacher** is *next to* the **board**.

A. Where's the **pen**?
B. The **pen** is *on* the **desk**.

先生	**1.** teacher	方眼紙	**13.** graph paper	画びょう	**24.** thumbtack
助手	**2.** teacher's aide	ものさし	**14.** ruler	地図	**25.** map
生徒	**3.** student	電卓	**15.** calculator	鉛筆削り	**26.** pencil sharpener
いす	**4.** seat/chair	時計	**16.** clock	地球儀	**27.** globe
ペン	**5.** pen	旗	**17.** flag	本棚	**28.** bookshelf
鉛筆	**6.** pencil	黒板	**18.** board	オーバーヘッド・	**29.** overhead
消しゴム	**7.** eraser	チョーク	**19.** chalk	プロジェクター	projector
机	**8.** desk	チョーク入れ	**20.** chalk tray	テレビ	**30.** TV
教卓	**9.** teacher's desk	黒板消し	**21.** eraser	スクリーン	**31.** (movie) screen
教科書	**10.** book/textbook	スピーカー	**22.** P.A. system/	スライド映写機	**32.** slide projector
ノート	**11.** notebook		loudspeaker	コンピューター	**33.** computer
ノート用紙	**12.** notebook paper	掲示板	**23.** bulletin board	映写機	**34.** (movie) projector

A. Is there a/an _____ in your classroom?*
B. Yes. There's a/an _____ next to/on the _____.

*With 12, 13, 19 use: Is there _____ in your classroom?

A. Is there a/an _____ in your classroom?*
B. No, there isn't.

Describe your classroom.
(There's a/an ....)

Practice these classroom actions.

立ちなさい。	**1.** Stand up.
黒板のところへ行きなさい。	**2.** Go to *the board*.
名前を書きなさい。	**3.** Write *your name*.
名前を消しなさい。	**4.** Erase *your name*.
席に着きなさい。	**5.** Sit down./Take your seat.
本を開けなさい。	**6.** Open *your book*.
8ページを読みなさい。	**7.** Read *page eight*.
8ページを学習しなさい。	**8.** Study *page eight*.
本を閉じなさい。	**9.** Close *your book*.
本を片づけなさい。	**10.** Put away *your book*.
質問を聞きなさい。	**11.** Listen to *the question*.
手をあげなさい。	**12.** Raise *your hand*.
答えを言いなさい。	**13.** Give *the answer*.
グループで学習しなさい。	**14.** Work *in groups*.
お互いに助け合いなさい。	**15.** Help *each other*.
宿題をして来なさい。	**16.** Do *your homework*.
宿題を持って来なさい。	**17.** Bring in *your homework*.
答えあわせをしなさい。	**18.** Go over *the answers*.
誤りを正しなさい。	**19.** Correct *your mistakes*.
宿題を提出しなさい。	**20.** Hand in *your homework*.
紙を1枚取り出しなさい。	**21.** Take out *a piece of paper*.
テストを配りなさい。	**22.** Pass out *the tests*.
問いに答えなさい。	**23.** Answer *the questions*.
答えを確かめなさい。	**24.** Check *your answers*.
テストを集めなさい。	**25.** Collect *the tests*.
ブラインドを下ろしなさい。	**26.** Lower *the shades*.
電気を消しなさい。	**27.** Turn off *the lights*.
映写機をまわしなさい。	**28.** Turn on *the projector*.
映画を見なさい。	**29.** Watch *the movie*.
メモを取りなさい。	**30.** Take notes.

You're the teacher! Give instructions to your students.

A. Where are you from?
B. I'm from **Mexico**.

A. What's your nationality?
B. I'm **Mexican**.

A. What language do you speak?
B. I speak **Spanish**.

Country 国	Nationality 国籍	Language 言語
Afghanistan	Afghan アフガニスタン人	Afghan アフガニスタン語
Argentina アルゼンチン	Argentine アルゼンチン人	Spanish スペイン語
Australia オーストラリア	Australian オーストラリア人	English 英語
Bolivia ボリビア	Bolivian ボリビア人	Spanish スペイン語
Brazil ブラジル	Brazilian ブラジル人	Portuguese ポルトガル語
Cambodia カンボジア	Cambodian カンボジア人	Cambodian カンボジア語（クメール語）
Canada カナダ	Canadian カナダ人	English/French 英語／フランス語
Chile チリ	Chilean チリ人	Spanish スペイン語
China 中国	Chinese 中国人	Chinese 中国語
Colombia コロンビア	Colombian コロンビア人	Spanish スペイン語
Costa Rica コスタリカ	Costa Rican コスタリカ人	Spanish スペイン語
Cuba キューバ	Cuban キューバ人	Spanish スペイン語
(The) Dominican Republic ドミニカ共和国	Dominican ドミニカ人	Spanish スペイン語
Ecuador エクアドル	Ecuadorian エクアドル人	Spanish スペイン語
Egypt エジプト	Egyptian エジプト人	Arabic アラビア語
El Salvador エルサルバドル	Salvadorean エルサルバドル人	Spanish スペイン語
England イギリス	English イギリス人	English 英語
Estonia エストニア	Estonian エストニア人	Estonian エストニア語
Ethiopia エチオピア	Ethiopian エチオピア人	Amharic アムハラ語
France フランス	French フランス人	French フランス語
Germany ドイツ	German ドイツ人	German ドイツ語
Greece ギリシア	Greek ギリシア人	Greek ギリシア語
Guatemala グアテマラ	Guatemalan グアテマラ人	Spanish スペイン語
Hungary ハンガリー	Hungarian ハンガリー人	Hungarian ハンガリー語
Honduras ホンジュラス	Honduran ホンジュラス人	Spanish スペイン語

Country 国	Nationality 国籍	Language 言語
Indonesia インドネシア	Indonesian インドネシア人	Indonesian インドネシア語
Israel イスラエル	Israeli イスラエル人	Hebrew ヘブライ語
Italy イタリア	Italian イタリア人	Italian イタリア語
Japan 日本	Japanese 日本人	Japanese 日本語
Jordan ヨルダン	Jordanian ヨルダン人	Arabic アラビア語
Korea 韓国/朝鮮	Korean 韓国人/朝鮮人	Korean 韓国語/朝鮮語
Laos ラオス	Laotian ラオス人	Laotian ラオス語
Latvia ラトビア	Latvian ラトビア人	Latvian ラトビア語
Lithuania リトアニア	Lithuanian リトアニア人	Lithuanian リトアニア語
Malaysia マレーシア	Malaysian マレーシア人	Malay マライ語
Mexico メキシコ	Mexican メキシコ人	Spanish スペイン語
New Zealand ニュージーランド	New Zealander ニュージーランド人	English 英語
Nicaragua ニカラグア	Nicaraguan ニカラグア人	Spanish スペイン語
Panama パナマ	Panamanian パナマ人	Spanish スペイン語
Peru ペルー	Peruvian ペルー人	Spanish スペイン語
(The) Philippines フィリピン	Filipino フィリピン人	Tagalog タガログ語
Poland ポーランド	Polish ポーランド人	Polish ポーランド語
Portugal ポルトガル	Portuguese ポルトガル人	Portuguese ポルトガル語
Puerto Rico プエルトリコ	Puerto Rican プエルトリコ人	Spanish スペイン語
Romania ルーマニア	Romanian ルーマニア人	Romanian ルーマニア語
Russia ロシア	Russian ロシア人	Russian ロシア語
Saudi Arabia サウジアラビア	Saudi サウジアラビア人	Arabic アラビア語
Spain スペイン	Spanish スペイン人	Spanish スペイン語
Taiwan 台湾	Taiwanese 台湾人	Chinese 中国語
Thailand タイ	Thai タイ人	Thai タイ語
Turkey トルコ	Turkish トルコ人	Turkish トルコ語
Ukraine ウクライナ	Ukrainian ウクライナ人	Ukrainian ウクライナ語
(The) United アメリカ合衆国	American アメリカ人	English 英語
Venezuela ベネズエラ	Venezuelan ベネズエラ人	Spanish スペイン語
Vietnam ベトナム	Vietnamese ベトナム人	Vietnamese ベトナム語

A. What's your native language?
B. _____.
A. Oh. What country are you from?
B. _____.

A. Where are you and your husband/wife going on your vacation?
B. We're going to _____.
A. That's nice. Tell me, do you speak _____?
B. No, but my husband/wife does. He's/She's _____.

Tell about yourself:
Where are you from?
What's your nationality?
What languages do you speak?
Now interview and tell about a friend.

A. Where do you live?
B. I live in an **apartment building**.

アパート	**1.** apartment (building)		モービルホーム/	**7.** mobile home/trailer
（賃貸の集合住宅）			トレーラーハウス	
一戸建て住宅	**2.** (single-family) house		農家	**8.** farmhouse
二世帯用住宅	**3.** duplex/two-family house		小屋	**9.** cabin
連棟住宅	**4.** townhouse/townhome		養老院	**10.** nursing home
（分譲）マンション	**5.** condominium/condo		避難所/保護施設	**11.** shelter
寮	**6.** dormitory/dorm		ハウスボート（家船）	**12.** houseboat

A. Town Taxi Company.
B. Hello. Please send a taxi to
 (address) .
A. Is that a house or an apartment?
B. It's a/an _____.
A. All right. We'll be there right
 away.

A. This is the Emergency Operator.
B. Please send an ambulance to
 (address) .
A. Is that a private home?
B. It's a/an _____.
A. What's your name?
B. ....
A. And your telephone number?
B. ....

Tell about people you know and the
 types of housing they live in.
Discuss:
 Who lives in dormitories?
 Who lives in nursing homes?
 Who lives in shelters?
 Why?

A. Where are you?
B. I'm in the living room.
A. What are you doing?
B. I'm *dusting** the **coffee table**.

*dusting/cleaning

センターテーブル	**1.** coffee table	ソファ	**10.** sofa/couch	2人掛けソファ	**19.** loveseat
じゅうたん	**2.** rug	クッション	**11.** (throw)pillow	（観葉）植物	**20.** plant
床	**3.** floor	天井	**12.** ceiling	絵	**21.** painting
ひじ掛けいす	**4.** armchair	壁	**13.** wall	額	**22.** frame
サイドテーブル	**5.** end table	飾り棚	**14.** wall unit/	マントル（炉棚）	**23.** mantle
ランプ	**6.** lamp		entertainment unit	暖炉	**24.** fireplace
ランプのかさ	**7.** lampshade	テレビ	**15.** television	暖炉ガード	**25.** fireplace screen
窓	**8.** window	ビデオデッキ	**16.** video cassette	写真	**26.** picture/
カーテン	**9.** drapes/		recorder/VCR		photograph
	curtains	ステレオ	**17.** stereo system	本箱	**27.** bookcase
		スピーカー	**18.** speaker		

A. You have a lovely living room!
B. Oh, thank you.
A. Your _____ is/are beautiful!
B. Thank you for saying so.

A. Uh-oh! I just spilled coffee on your _____!
B. That's okay. Don't worry about it.

Tell about your living room.
(In my living room there's ....)

A. This **dining room table** is very nice.
B. Thank you. It was a gift from my *grandmother.**

*grandmother/grandfather/aunt/uncle/...

食卓	**1.** (dining room) table
いす	**2.** (dining room) chair
食器棚	**3.** china cabinet
陶磁器	**4.** china
シャンデリア	**5.** chandelier
サイドボード	**6.** buffet
サラダボウル	**7.** salad bowl
水さし	**8.** pitcher

配ぜん用の大ボウル	**9.** serving bowl
配ぜん用の大皿	**10.** serving platter
テーブルクロス	**11.** tablecloth
燭台	**12.** candlestick
ろうそく	**13.** candle
テーブルセンター	**14.** centerpiece
塩入れ	**15.** salt shaker

こしょう入れ	**16.** pepper shaker
バター入れ	**17.** butter dish
（配ぜん用）ワゴン	**18.** serving cart
ティーポット	**19.** teapot
コーヒーポット	**20.** coffee pot
クリーム入れ	**21.** creamer
砂糖入れ	**22.** sugar bowl

[In a store]

A. May I help you?
B. Yes, please. Do you have
    _____s?*
A. Yes. _____s* are right over there.
B. Thank you.

*With 4, use the singular.

[At home]

A. Look at this old _____
    I just bought!
B. Where did you buy it?
A. At a yard sale. How do you
    like it?
B. It's VERY unusual!

Tell about your dining room.
(In my dining room there's ....)

A. Excuse me. Where does the **salad plate** go?
B. It goes *to the left of* the **dinner plate**.

A. Excuse me. Where does the **soup spoon** go?
B. It goes *to the right of* the **teaspoon**.

A. Excuse me. Where does the **wine glass** go?
B. It goes *between* the **water glass** and the **cup and saucer**.

A. Excuse me. Where does the **cup** go?
B. It goes *on* the **saucer**.

サラダ皿	**1.** salad plate	カップ	**7.** cup	ナイフ	**12.** knife
パン皿	**2.** bread-and-butter plate	受け皿	**8.** saucer	ティースプーン	**13.** teaspoon
ディナー皿（飾り皿）	**3.** dinner plate	ナプキン	**9.** napkin	スープスプーン	**14.** soup spoon
スープ皿	**4.** soup bowl	銀食器	**silverware**	バターナイフ	**15.** butter knife
水用グラス	**5.** water glass	サラダフォーク	**10.** salad fork		
ワイングラス	**6.** wine glass	フォーク	**11.** dinner fork		

A. Waiter? Excuse me. This _____ is dirty.
B. I'm terribly sorry. I'll get you another _____ right away.

A. Oops! I dropped my _____!
B. That's okay! I'll get you another _____ from the kitchen.

Practice giving directions. Tell someone how to set a table. (Put the …………)

A. Ooh! Look at that big bug!!
B. Where?
A. It's on the **bed**!
B. I'LL get it.

ベッド	**1.** bed
頭板	**2.** headboard
枕	**3.** pillow
枕カバー	**4.** pillowcase
シーツ	**5.** fitted sheet
上掛けシーツ	**6.** (flat) sheet
毛布	**7.** blanket
電気毛布	**8.** electric blanket
ひだ飾り	**9.** dust ruffle
ベッドカバー	**10.** bedspread
掛け布団	**11.** comforter/quilt
足板	**12.** footboard

ブラインド	**13.** blinds
サイドテーブル	**14.** night table/ nightstand
目覚まし時計	**15.** alarm clock
タイマー付ラジオ	**16.** clock radio
整理だんす	**17.** chest (of drawers)
鏡	**18.** mirror
宝石入れ	**19.** jewelry box
ドレッサー	**20.** dresser/bureau
ツインベッド（の片方）	**21.** twin bed
マットレス	**22.** mattress
寝台用スプリング	**23.** box spring

ダブルベッド	**24.** double bed
クイーンサイズベッド	**25.** queen-size bed
キングサイズベッド	**26.** king-size bed
2段ベッド	**27.** bunk bed
脚輪付きベッド	**28.** trundle bed
ソファベッド	**29.** sofa bed/ convertible sofa
寝台兼用の長いす	**30.** day bed
簡易ベッド	**31.** cot
ウォーターベッド	**32.** water bed
天蓋付ベッド	**33.** canopy bed
治療用ベッド	**34.** hospital bed

[In a store]

A. Excuse me. I'm looking for a/an _____.*
B. We have some very nice _____s. And they're all on sale this week.
A. Oh, good!

*With 13, use: Excuse me. I'm looking for _____.

[In a bedroom]

A. Oh, no! I just lost my contact lens!
B. Where?
A. I think it's on the _____.
B. I'll help you look.

Tell about your bedroom.
(In my bedroom there's ....)

A. I think we need a new **dishwasher**.
B. I think you're right.

食器洗い機	**1.** dishwasher	ふきん	**12.** dish towel	調味料ラック	**24.** spice rack
食器洗い機用	**2.** dishwasher	ごみ圧縮器	**13.** trash compactor	（電動）缶切り	**25.** (electric) can
合成洗剤	detergent	キャビネット	**14.** cabinet		opener
台所用洗剤	**3.** dishwashing liquid	（戸棚）		料理の本	**26.** cookbook
蛇口	**4.** faucet	電子レンジ	**15.** microwave (oven)	冷蔵庫	**27.** refrigerator
流し	**5.** (kitchen) sink	調理台	**16.** (kitchen) counter	冷凍庫	**28.** freezer
ディスポーザー	**6.** (garbage) disposal	まな板	**17.** cutting board	製氷器	**29.** ice maker
（ごみ処理機）		キャニスター	**18.** canister	製氷皿	**30.** ice tray
スポンジ	**7.** sponge	（缶，箱）		マグネット	**31.** refrigerator
みがきたわし	**8.** scouring pad	レンジ	**19.** stove/range		magnet
なべ洗い	**9.** pot scrubber	バーナー	**20.** burner	テーブル	**32.** kitchen table
水切り	**10.** dish rack	オーブン（天火）	**21.** oven	ランチョンマット	**33.** placemat
キッチンペーパー	**11.** paper towel holder	なべつかみ	**22.** potholder	いす	**34.** kitchen chair
ホルダー		トースター	**23.** toaster	ごみバケツ	**35.** garbage pail

[In a store]
A. Excuse me. Are your _____s still on sale?
B. Yes, they are. They're twenty percent off.

[In a kitchen]
A. When did you get this/these new _____(s)?
B. I got it/them last week.

Tell about your kitchen.
(In my kitchen there's ....)

A. Could I possibly borrow your **wok**?
B. Sure. I'll get it for you right now.
A. Thanks.

中華なべ	**1.** wok	めん棒	**16.** rolling pin	おろし器	**30.** grater
深なべ	**2.** pot	計量カップ	**17.** measuring cup	卵泡立て器	**31.** (egg) beater
ミルクパン	**3.** saucepan	計量スプーン	**18.** measuring spoon	玉じゃくし	**32.** ladle
ふた	**4.** lid/cover/top	コーヒーメーカー	**19.** coffeemaker	アイスクリーム	**33.** ice cream
フライパン	**5.** frying pan/skillet	コーヒーひき	**20.** coffee grinder	サーバー	scoop
あぶり皿	**6.** roasting pan	やかん	**21.** tea kettle	クッキー抜き型	**34.** cookie cutter
ロースター	**7.** roaster	オーブントースター	**22.** toaster oven	万能こし器	**35.** strainer
（焼きなべ）		電動泡立て器	**23.** (electric) mixer	にんにくつぶし	**36.** garlic press
二重なべ	**8.** double boiler	フードプロセッサー	**24.** food processor	せん抜き	**37.** bottle opener
圧力なべ	**9.** pressure cooker	電気グリル	**25.** electric frying	缶切り	**38.** can opener
水切り	**10.** colander		pan	泡立て器	**39.** whisk
キャセロール	**11.** casserole (dish)	ワッフル焼き型	**26.** waffle iron	皮むき	**40.** (vegetable)
ケーキ型	**12.** cake pan	鉄板/電気プレート	**27.** (electric) griddle		peeler
パイ皿	**13.** pie plate	ポップコーン	**28.** popcorn	包丁	**41.** knife
クッキー用	**14.** cookie sheet	メーカー	maker	フライ返し	**42.** spatula
天パン		ミキサー	**29.** blender	果物ナイフ	**43.** paring knife
ボウル	**15.** (mixing) bowl				

A. What are you looking for?
B. I'm looking for the _____.*
A. Did you look in the drawers/ in the cabinets/next to the _____/...........?
B. Yes. I looked everywhere!

*With 2, 4, 12–15, 41, use:
  I'm looking for a _____.

[A Commercial]
Come to *Kitchen World*! We have everything you need for your kitchen, from _____s and _____s, to _____s and _____s. Are you looking for a new _____? Is it time to throw out your old _____? Come to *Kitchen World* today! We have everything you need!

What things do you have in your kitchen?
Which things do you use very often?
Which things do you rarely use?

A. Thank you for the **teddy bear.** It's a very nice gift.
B. You're welcome. Tell me, when are you due?
A. In a few more weeks.

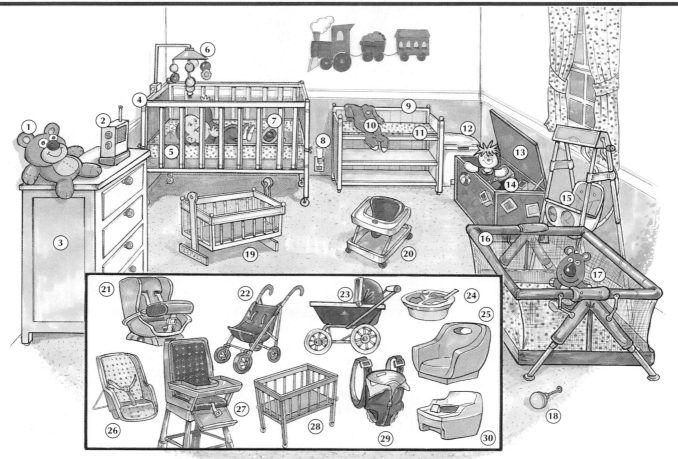

テディベア（熊のぬいぐるみ）	**1.** teddy bear	（おむつ交換用）マット	**11.** changing pad	チャイルドカーシート	**21.** car seat
インターホン	**2.** intercom	おむつバケツ	**12.** diaper pail	ベビーバギー	**22.** stroller
整理だんす	**3.** chest (of drawers)	おもちゃ箱	**13.** toy chest	大型ベビーカー	**23.** baby carriage
ベビーベッド	**4.** crib	人形	**14.** doll	フードウォーマ/保温器	**24.** food warmer
ベッドの枠	**5.** crib bumper	ブランコ	**15.** swing	ブースターシート	**25.** booster seat
ベッドメリー	**6.** mobile	プレイヤード	**16.** playpen	ローチェア	**26.** baby seat
ベビートーイ	**7.** crib toy	ぬいぐるみ	**17.** stuffed animal	ハイチェア	**27.** high chair
足元灯	**8.** night light	ガラガラ	**18.** rattle	（持ち運びできる）セカンドベッド	**28.** portable crib
おむつ交換台	**9.** changing table/dressing table	ゆりかご	**19.** cradle	ベビーキャリア	**29.** baby carrier
ロンパース（伸縮性のあるつなぎのベビー服）	**10.** stretch suit	歩行器	**20.** walker	おまる	**30.** potty

A. That's a very nice _____.
Where did you get it?
B. It was a gift from ....

A. Do you have everything you need before the baby comes?
B. Almost everything. We're still looking for a/an _____ and a/an _____.

Tell about your country:
What things do people buy for a new baby?
Does a new baby sleep in a separate room, as in the United States?

[1–12]
A. Do we need anything from the store?
B. Yes. Could you get some more **baby powder**?
A. Sure.

[13–17]
A. Do we need anything from the store?
B. Yes. Could you get another **pacifier**?
A. Sure.

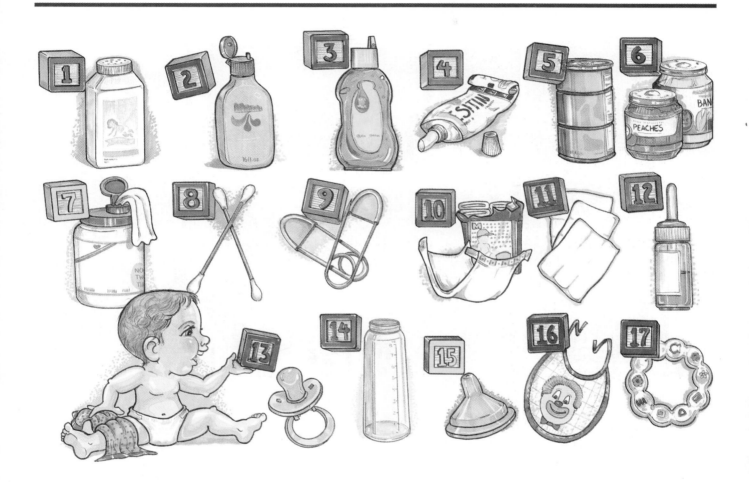

ベビーパウダー	**1.** baby powder	
ベビーローション	**2.** baby lotion	
ベビーシャンプー	**3.** baby shampoo	
軟こう	**4.** ointment	
乳児用人口乳（栄養食）	**5.** formula	
ベビーフード	**6.** baby food	

おしり拭き	**7.** (baby) wipes	
綿棒	**8.** cotton swabs	
おむつ止めピン	**9.** diaper pins	
紙おむつ	**10.** disposable diapers	
布おむつ	**11.** cloth diapers	
ビタミン剤	**12.** (liquid) vitamins	

おしゃぶり	**13.** pacifier	
哺乳ビン	**14.** bottle	
乳首	**15.** nipple	
よだれかけ	**16.** bib	
歯がため	**17.** teething ring	

[In a store]
A. Excuse me. I can't find the _____.*
B. I'm sorry. We're out of _____.* We'll have some more tomorrow.

[At home]
A. Honey? Where did you put the _____?
B. It's/They're in/on/next to the _____.

In your opinion, which are better: cloth diapers or disposable diapers? Why?
Tell about baby products in your country.

*With 13–17, use the plural.

A. Where's the **plunger**?
B. It's *next to* the **toilet**.

A. Where's the **toothbrush**?
B. It's *in* the **toothbrush holder**.

A. Where's the **washcloth**?
B. It's *on* the **towel rack**.

A. Where's the **mirror**?
B. It's *over* the **sink**.

プランジャー（排水管掃除棒）	**1.** plunger
便器	**2.** toilet
トイレタンク	**3.** toilet tank
便座	**4.** toilet seat
芳香剤	**5.** air freshener
トイレットペーパーホルダー	**6.** toilet paper holder
トイレットペーパー	**7.** toilet paper
トイレブラシ	**8.** toilet brush
タオル掛け	**9.** towel rack
バスタオル	**10.** bath towel
手ふきタオル	**11.** hand towel
浴用タオル	**12.** washcloth/ facecloth
洗濯かご	**13.** hamper
体重計	**14.** (bathroom) scale

棚	**15.** shelf
ドライヤー	**16.** hair dryer
換気扇	**17.** fan
鏡	**18.** mirror
薬用品棚	**19.** medicine cabinet/ medicine chest
洗面台	**20.** (bathroom) sink
湯栓	**21.** hot water faucet
水栓	**22.** cold water faucet
コップ	**23.** cup
歯ブラシ	**24.** toothbrush
歯ブラシ立て	**25.** toothbrush holder
石けん	**26.** soap
石けん受け	**27.** soap dish

石けん入れ	**28.** soap dispenser
ウォーター・ピック	**29.** Water Pik
（商標名：歯の洗浄器）	
化粧台	**30.** vanity
くずかご	**31.** wastebasket
シャワー	**32.** shower
シャワーカーテンレール	**33.** shower curtain rod
シャワーヘッド	**34.** shower head
カーテンリング	**35.** shower curtain rings
シャワーカーテン	**36.** shower curtain
浴槽	**37.** bathtub/tub
排水溝	**38.** drain
浴槽敷き	**39.** rubber mat
スポンジ	**40.** sponge
バスマット	**41.** bath mat/bath rug

A. [Knock. Knock.] Did I leave my glasses in there?
B. Yes. They're on/in/next to the _____.

A. *Bobby?*
B. Yes, Mom/Dad?
A. You didn't clean up the bathroom! There's toothpaste on the _____ and there's powder all over the _____!
B. Sorry, Mom/Dad. I'll clean it up right away.

Tell about your bathroom.
(In my bathroom there's ....)

[1–17]
A. Excuse me. Where can I find **toothbrush**es?
B. They're in the next aisle.
A. Thank you.

[18–38]
A. Excuse me. Where can I find **shampoo**?
B. It's in the next aisle.
A. Thank you.

歯ブラシ	**1.** toothbrush	毛抜き	**14.** tweezers	ハンドローション	**28.** hand lotion
くし	**2.** comb	ボビーピン	**15.** bobby pins	香水	**29.** perfume/cologne
ブラシ	**3.** (hair) brush	ヘアピン	**16.** hair clips	靴みがき	**30.** shoe polish
カミソリ	**4.** razor	髪止め飾りピン	**17.** barrettes	マニキュア液	**31.** nail polish
カミソリの刃	**5.** razor blades	シャンプー	**18.** shampoo	除光液	**32.** nail polish remover
電気カミソリ	**6.** electric razor/ electric shaver	リンス	**19.** conditioner/rinse	化粧	**makeup**
止血棒剤(ひげそり傷の止血用)	**7.** styptic pencil	ヘアスプレー	**20.** hairspray	ファウンデーション	**33.** base/foundation
シャワーキャップ	**8.** shower cap	歯みがき粉	**21.** toothpaste	ほお紅	**34.** blush/rouge
つめやすり	**9.** nail file	うがい薬	**22.** mouthwash	口紅	**35.** lipstick
(マニキュア用の) つめやすり	**10.** emery board	デンタルフロス	**23.** dental floss	アイシャドー	**36.** eye shadow
つめ切り	**11.** nail clipper	ひげそり用クリーム	**24.** shaving creme	アイライナー	**37.** eye liner
(マニキュア用) つめブラシ	**12.** nail brush	アフターシェーブローション	**25.** after shave lotion	マスカラ	**38.** mascara
はさみ	**13.** scissors	脱臭剤	**26.** deodorant		
		パウダー（粉おしろい）	**27.** powder		

A. I'm going to the drug store to get a/an _____.*
B. While you're there, could you also get a/an _____?*
A. Sure.

*With 5, 13–38, use: get _____.

A. Do you have everything for the trip?
B. I think so.
A. Did you remember to pack your _____?
B. Oops! I forgot. Thanks for reminding me.

You're going on a trip. Make a list of personal care products you need to take with you.

[1–17, 28–39]
A. Excuse me. Do you sell **broom**s?
B. Yes. They're at the back of the store.
A. Thanks.

[18–27]
A. Excuse me. Do you sell **laundry detergent**?
B. Yes. It's at the back of the store.
A. Thanks.

ほうき	**1.** broom	
ちりとり	**2.** dustpan	
小ぼうき	**3.** whisk broom	
はたき	**4.** feather duster	
ぞうきん	**5.** dust cloth	
アイロン	**6.** iron	
アイロン台	**7.** ironing board	
じゅうたん掃除機	**8.** carpet sweeper	
掃除機	**9.** vacuum (cleaner)	
掃除機付属品	**10.** vacuum cleaner attachments	
掃除機用ゴミパック	**11.** vacuum cleaner bag	
ハンドクリーナー	**12.** hand vacuum	
ダストモップ	**13.** (dust) mop/(dry) mop	

スポンジモップ	**14.** (sponge) mop
モップ	**15.** (wet) mop
洗濯機	**16.** washing machine/ washer
乾燥機	**17.** dryer
洗濯用合成洗剤	**18.** laundry detergent
柔軟剤	**19.** fabric softener
漂白剤	**20.** bleach
洗濯のり	**21.** starch
静電気とり	**22.** static cling remover
クレンザー	**23.** cleanser
窓用洗剤	**24.** window cleaner
アンモニア	**25.** ammonia
家具用洗剤/家具みがき	**26.** furniture polish

ワックス	**27.** floor wax
ペーパータオル	**28.** paper towels
ハンガー	**29.** hanger
洗濯かご	**30.** laundry basket
洗濯物袋	**31.** laundry bag
流し	**32.** utility sink
たわし	**33.** scrub brush
スポンジ	**34.** sponge
バケツ	**35.** bucket/pail
ごみバケツ	**36.** trash can/ garbage can
リサイクル用品入れ	**37.** recycling bin
物干しひも	**38.** clothesline
洗濯ばさみ	**39.** clothespins

A. How do you like this/these _____?
B. It's/They're great!

A. They're having a big sale at Dave's Discount Store this week.
B. Oh, really? What's on sale?
A. [18–27] and [1–17, 28–39] s.

Who does the cleaning and laundry in your home? What things does that person use?

A. When are you going to repair the **lamppost**?
B. I'm going to repair it next Saturday.

街燈柱	**1.** lamppost	雨戸	**12.** shutter	裏口	**22.** back door
郵便ポスト	**2.** mailbox	屋根	**13.** roof	ドアの取っ手	**23.** doorknob
玄関口	**3.** front walk	テレビアンテナ	**14.** TV antenna	網戸	**24.** screen door
玄関口の階段	**4.** front steps	煙突	**15.** chimney	勝手口	**25.** side door
ポーチ	**5.** (front) porch	車庫	**16.** garage	衛星放送アンテナ	**26.** satellite dish
風よけドア	**6.** storm door	車庫入り口	**17.** garage door	テラス	**27.** patio
玄関ドア	**7.** front door	ドライブウェイ（私設車道）	**18.** driveway	芝刈り機	**28.** lawnmower
呼び鈴	**8.** doorbell	雨どい	**19.** gutter	バーベキューグリル	**29.** barbecue/
照明/玄関灯	**9.** (front) light	縦どい	**20.** drainpipe/		(outdoor)grill
窓	**10.** window		downspout	庭いす	**30.** lawn chair
網戸	**11.** (window) screen	ベランダ/デッキ	**21.** deck	物置	**31.** tool shed

[On the telephone]
A. Harry's Home Repairs.
B. Hello. Do you fix _____s?
A. No, we don't.
B. Oh, okay. Thank you.

[At work on Monday morning]
A. What did you do this weekend?
B. Nothing much. I repaired my
_____ and my _____.

Do you like to repair things?
What things can you repair yourself?
What things can't you repair? Who
repairs them?

A. Is there a **lobby**?
B. Yes, there is. Do you want to see the apartment?
A. Yes, I do.

玄関ホール	**1.** lobby	のぞき穴	**8.** peephole	管理人	**15.** superintendent
インターホン	**2.** intercom	ドアチェーン	**9.** (door) chain	倉庫	**16.** storage room
ブザー	**3.** buzzer	本締錠	**10.** dead-bolt lock	パーキングビル	**17.** parking garage
郵便受け	**4.** mailbox	エアコン（空調設備）	**11.** air conditioner	駐車場	**18.** parking lot
エレベーター	**5.** elevator	火災報知器	**12.** fire alarm	バルコニー	**19.** balcony/terrace
ドアマン（玄関番）	**6.** doorman	ダストシュート	**13.** garbage chute	プール	**20.** swimming pool
煙感知器	**7.** smoke detector	洗濯室	**14.** laundry room	ワールプール/ジャクージー	**21.** whirlpool

[Renting an apartment]

A. Let me show you around the building.*
B. Okay.
A. This is the _____ and here's the _____.
B. I see.

*With 7–11, use:
  Let me show you around the apartment.

[On the telephone]

A. Mom and Dad? I found an apartment.
B. Good. Tell us about it.
A. It has a/an _____ and a/an _____.
B. That's nice. Does it have a/an _____?
A. Yes, it does.

Tell about the differences between living in a house and in an apartment building.

A. Did you remember to pay the **carpenter**?
B. Yes. I wrote a check yesterday.

大工	**1.** carpenter	庭師	**8.** gardener	燃料費請求書	**16.** oil bill/ heating bill
便利屋	**2.** handyman	電気工	**9.** electrician	ケーブルテレビ	**17.** cable TV bill
ペンキ屋	**3.** (house) painter	配管工	**10.** plumber	料金請求書	
煙突掃除夫	**4.** chimney sweep	害虫駆除業者	**11.** exterminator	害虫予防費請求書	**18.** pest control bill
家庭電気器具修理屋	**5.** appliance repair person	ガス料金請求書	**12.** gas bill	家賃	**19.** rent
		電気料金請求書	**13.** electric bill	駐車料金	**20.** parking fee
テレビ修理屋	**6.** TV repair person	電話料金請求書	**14.** telephone bill	住宅ローン返済金	**21.** mortgage payment
錠前師	**7.** locksmith	水道料金請求書	**15.** water bill		

[1–11]
A. When is the _____ going to come?
B. This afternoon.

[12–21]
A. When is the _____ due?
B. It's due at the end of the month.

Tell about utilities, services, and repairs you pay for. How much do you pay?

A. Could I borrow your **hammer***?
B. Sure.
A. Thanks.

With 28–32, use: Could I borrow some _____s?

金づち	**1.** hammer	のみ	**12.** chisel	ペンキはけ	**23.** paintbrush/brush
ドライバー/ねじ回し	**2.** screwdriver	はぎとり器	**13.** scraper	ペンキ	**24.** paint
十字ドライバー	**3.** Phillips screwdriver	万力	**14.** vise	シンナー	**25.** paint thinner
スパナ	**4.** wrench	電気ドリル	**15.** electric drill	紙やすり	**26.** sandpaper
ペンチ	**5.** pliers	ドリルの刃	**16.** (drill) bit	針金	**27.** wire
金のこ	**6.** hacksaw	動力のこぎり	**17.** power saw	くぎ	**28.** nail
手おの	**7.** hatchet	水準器	**18.** level	ねじ	**29.** screw
モンキーレンチ	**8.** monkey wrench	かんな	**19.** plane	ワッシャー	**30.** washer
のこぎり	**9.** saw	道具箱	**20.** toolbox	ボルト	**31.** bolt
手回しドリル	**10.** hand drill	ペンキ皿	**21.** (paint) pan	ナット	**32.** nut
（ドリルの）曲がり柄	**11.** brace	ペンキローラー	**22.** (paint) roller		

[1–4, 6–27]
A. Where's the _____?
B. It's on/next to/near/over/under the _____.

[5, 28–32]
A. Where are the _____(s)?
B. They're on/next to/near/over/under the _____.

Do you like to work with tools?
What tools do you have in your home?

[1–16]
A. I can't find the **lawnmower**!
B. Look in the tool shed.
A. I did.
B. Oh! Wait a minute! I lent the **lawnmower** to the neighbors.

[17–32]
A. I can't find the **flashlight**!
B. Look in the utility cabinet.
A. I did.
B. Oh! Wait a minute! I lent the **flashlight** to the neighbors.

芝刈り機	**1.** lawnmower
ガソリン入れ	**2.** gas can
スプリンクラー	**3.** sprinkler
ホース	**4.** (garden) hose
ノズル	**5.** nozzle
手押し車	**6.** wheelbarrow
じょうろ	**7.** watering can
くま手	**8.** rake
くわ	**9.** hoe
移植こて	**10.** trowel
シャベル	**11.** shovel

刈り込みばさみ	**12.** hedge clippers
軍手/作業手袋	**13.** work gloves
野菜の種	**14.** vegetable seeds
肥料	**15.** fertilizer
芝の種	**16.** grass seed
懐中電灯	**17.** flashlight
ハエたたき	**18.** fly swatter
延長コード	**19.** extension cord
巻き尺	**20.** tape measure
脚立	**21.** step ladder
プランジャー/吸引式下水掃除棒	**22.** plunger

ヤード尺	**23.** yardstick
ねずみ取り	**24.** mousetrap
電池	**25.** batteries
電球	**26.** lightbulbs/bulbs
ヒューズ	**27.** fuses
絶縁テープ	**28.** electrical tape
機械油	**29.** oil
接着剤	**30.** glue
殺虫剤	**31.** bug spray/insect spray
ゴキブリ用殺虫剤	**32.** roach killer

[1–11, 17–24]
A. I'm going to the hardware store. Can you think of anything we need?
B. Yes. We need a/an _____.
A. Oh, that's right.

[12–16, 25–32]
A. I'm going to the hardware store. Can you think of anything we need?
B. Yes. We need _____.
A. Oh, that's right.

What gardening tools and home supplies do you have? Tell about how and when you use each one.

基数/Cardinal Numbers

1	one	11	eleven	21	twenty-one	101 one hundred (and) one
2	two	12	twelve	22	twenty-two	102 one hundred (and) two
3	three	13	thirteen	30	thirty	1,000 one thousand
4	four	14	fourteen	40	forty	10,000 ten thousand
5	five	15	fifteen	50	fifty	100,000 one hundred thousand
6	six	16	sixteen	60	sixty	1,000,000 one million
7	seven	17	seventeen	70	seventy	
8	eight	18	eighteen	80	eighty	
9	nine	19	nineteen	90	ninety	
10	ten	20	twenty	100	one hundred	

A. How old are you?
B. I'm _____ years old.

A. How many people are there in your family?
B. _____.

序数/Ordinal Numbers （第〜の）

1st	first	11th	eleventh	21st	twenty-first	101st one hundred (and) first
2nd	second	12th	twelfth	22nd	twenty-second	102nd one hundred (and) second
3rd	third	13th	thirteenth	30th	thirtieth	1000th one thousandth
4th	fourth	14th	fourteenth	40th	fortieth	10,000th ten thousandth
5th	fifth	15th	fifteenth	50th	fiftieth	100,000th one hundred thousandth
6th	sixth	16th	sixteenth	60th	sixtieth	1,000,000th one millionth
7th	seventh	17th	seventeenth	70th	seventieth	
8th	eighth	18th	eighteenth	80th	eightieth	
9th	ninth	19th	nineteenth	90th	ninetieth	
10th	tenth			100th	one hundredth	

A. What floor do you live on?
B. I live on the _____ floor.

A. Is this the first time you've seen this movie?
B. No. It's the _____ time.

算数/**Arithmetic**

たし算 addition	ひき算 subtraction	かけ算 multiplication	わり算 division
2 **plus** 1 **equals*** 3.	8 **minus** 3 **equals*** 5.	4 **times** 2 **equals*** 8.	10 **divided by** 2 **equals*** 5.
2たす1は3。	8ひく3は5。	4かける2は8。	10わる2は5。

*isでも同じです。   *You can also say: **is**

A. How much is *two plus one*?
B. *Two plus one* equals/is *three*.

Make conversations for the arithmetic problems above and others.

分数/**Fractions**

 ¼ ⅓ ½ ⅔ ¾

one quarter/	one third	one half/half	two thirds	three quarters/
one fourth	3分の1	2分の1	3分の2	three fourths
4分の1				4分の3

A. Is this on sale?
B. Yes. It's _____ off the regular price.

A. Is the gas tank almost empty?
B. It's about _____ full.

パーセント/**Percents**

 25% 50%  75%  100%

| twenty-five percent | fifty percent | seventy-five percent | one hundred percent |
| 25パーセント | 50パーセント | 75パーセント | 100パーセント |

A. How did you do on the test?
B. I got _____ percent of the answers right.

A. What's the weather forecast?
B. There's a _____ percent chance of rain.

Research and discuss:
   What percentage of the people in your country live in cities?
   live on farms? work in factories? vote in national elections?

2:00

two o'clock
2時

 **2:15**

two fifteen/
a quarter after *two*
2時15分

 2:30

two thirty/
half past *two*
2時半

 2:45

two forty-five/
a quarter to *three*
2時45分

 **2:05**

two oh five
2時5分

 **2:20**

two twenty/
twenty after *two*
2時20分

 2:40

two forty/
twenty to *three*
2時40分

 2:55

two fifty-five/
five to *three*
2時55分

A. What time is it?
B. It's _____.

A. What time does the movie begin?
B. At _____.

two a.m.
午前2時

two p.m.
午後2時

noon/twelve noon
正午

midnight/
twelve midnight
午前0時

A. When does the train leave?
B. At _____.

A. What time will we arrive?
B. At _____.

Tell about your daily schedule:
   What do you do? When?
   (I get up at _____. I ....)
Do you usually have enough time to do things, or do you run out of time? Explain.
If there were 25 hours in a day, what would you do with the extra hour? Why?

Tell about the use of time in different cultures or countries you are familiar with:
   Do people arrive on time for work? appointments? parties?
   Do trains and buses operate exactly on schedule?
   Do movies and sports events begin on time?
   Do workplaces use time clocks or timesheets to record employees' work hours?

JANUARY

1999	JANUARY				1999	
SUN	MON	TUE	WED	THUR	FRI	SAT
					1	2
3	4	5	6	7	8	9
10	11	12	13	14	15	16
17	18	19	20	21	22	23
24/31	25	26	27	28	29	30

年 **1. year**
1999年 nineteen ninety-nine

月 **2. month**
1月 January
2月 February
3月 March
4月 April
5月 May
6月 June
7月 July
8月 August
9月 September
10月 October
11月 November
12月 December

曜日 **3. day**
日曜日 Sunday
月曜日 Monday
火曜日 Tuesday
水曜日 Wednesday
木曜日 Thursday
金曜日 Friday
土曜日 Saturday

日付 **4. date**
1999年1月2日 January 2, 1999
1/2/99
January second,
nineteen ninety-nine

A. What year is it?
B. It's _____.

A. What month is it?
B. It's _____.

A. What day is it?
B. It's _____.

A. What's today's date?
B. Today is _____.

When did you begin to study English?
What days of the week do you study English? (I study
   English on _____.)

When is your birthday? (My birthday is on _____.)
What are your favorite months of the year? Why?
What are your least favorite months of the year? Why?

A. Where are you going?
B. I'm going to the **appliance store**.

電気屋	**1.** appliance store	本屋	**6.** book store	ドーナツ店	**11.** donut shop
自動車販売店	**2.** auto dealer/ car dealer	バス発着所	**7.** bus station	診療所	**12.** clinic
パン屋	**3.** bakery	カフェテリア	**8.** cafeteria	衣料品店	**13.** clothing store
銀行	**4.** bank	託児所	**9.** child-care center/ day-care center	喫茶店	**14.** coffee shop
床屋	**5.** barber shop	クリーニング店	**10.** cleaners/dry cleaners	コンピューター販売店/ ＯＡ店	**15.** computer store

コンサートホール	**16.** concert hall	薬局	**22.** drug store/ pharmacy	食料雑貨店	**26.** grocery store
コンビニエンスストア	**17.** convenience store			美容院	**27.** hair salon
コピーセンター	**18.** copy center	花屋	**23.** flower shop/florist	金物屋	**28.** hardware store
デリカテッセン/総菜屋	**19.** delicatessen/deli	家具店	**24.** furniture store	スポーツクラブ/	**29.** health club/spa
デパート	**20.** department store	ガソリンスタンド	**25.** gas station/ service station	ヘルスクラブ	
ディスカウントショップ	**21.** discount store			病院	**30.** hospital

A. Hi! How are you today?
B. Fine. Where are you going?
A. To the _____. How about you?
B. I'm going to the _____.

A. Oh, no! I can't find my wallet/purse!
B. Did you leave it at the _____?
A. Maybe I did.

Which of these places are in your neighborhood?
(In my neighborhood there's a/an ....)

A. Where's the **hotel**?
B. It's right over there.

ホテル	**1.** hotel	マタニティー用品店	**6.** maternity shop	ナイトクラブ	**11.** night club
アイスクリーム店	**2.** ice cream shop	モーテル	**7.** motel	公園	**12.** park
宝石店	**3.** jewelry store	映画館	**8.** movie theater	パーキングビル	**13.** (parking) garage
コインランドリー	**4.** laundromat	美術館	**9.** museum	駐車場	**14.** parking lot
図書館	**5.** library	レコード・CD店	**10.** music store	ペットショップ	**15.** pet shop

写真屋	**16.** photo shop	靴屋	**21.** shoe store	駅	**26.** train station
ピザ屋	**17.** pizza shop	ショッピングモール	**22.** (shopping) mall	旅行代理店	**27.** travel agency
郵便局	**18.** post office	スーパーマーケット	**23.** supermarket	ビデオショップ	**28.** video store
レストラン	**19.** restaurant	劇場	**24.** theater	めがね屋	**29.** vision center/ eyeglass store
学校	**20.** school	おもちゃ屋	**25.** toy store	動物園	**30.** zoo

A. Is there a/an _____ nearby?
B. Yes. There's a/an _____ around the corner.

A. Excuse me. Where's the _____?
B. It's down the street, next to the _____.
A. Thank you.

Which of these places are in your neighborhood?
(In my neighborhood there's a/an ....)

A. Where's the _____?
B. On/In/Next to/Between/Across from/
In front of/Behind/Under/Over the _____.

くず入れ	**1.** trash container	縁石	**9.** curb	バス	**15.** bus
警察署	**2.** police station	車道/通り	**10.** street	バス運転手	**16.** bus driver
拘置所	**3.** jail	マンホール	**11.** manhole	パーキングメーター	**17.** parking meter
裁判所	**4.** courthouse	バス停	**12.** bus stop	（駐車違反を取り締まる）	**18.** meter maid
ベンチ	**5.** bench	タクシー	**13.** taxi/cab/	婦人警官	
街灯	**6.** street light		taxicab	地下鉄	**19.** subway
アイスクリーム	**7.** ice cream truck	タクシー運転手	**14.** taxi driver/	地下鉄の駅	**20.** subway station
販売車			cab driver		
歩道	**8.** sidewalk				

電柱	**21.** utility pole	消防署	**27.** fire station	横断歩道	**33.** crosswalk
タクシー乗り場	**22.** taxi stand	オフィスビル	**28.** office building	歩行者	**34.** pedestrian
電話ボックス	**23.** phone booth	ドライブスルー窓口	**29.** drive-through window	信号	**35.** traffic light/ traffic signal
公衆電話	**24.** public telephone	火災報知器	**30.** fire alarm box		
下水道	**25.** sewer	交差点	**31.** intersection	清掃車	**36.** garbage truck
街路標識	**26.** street sign	警官	**32.** police officer	新聞スタンド	**37.** newsstand
				露店商	**38.** street vendor

[An Election Speech]
If I am elected mayor, I'll take care of all the problems we have in our city. We need to do something about our _____s. We also need to do something about our _____s. And look at our _____s! We REALLY need to do something about THEM! We need a new mayor who can solve these problems. If I am elected mayor, we'll be proud of our _____s, _____s, and _____s again! Vote for me!

Step outside. Look around. Describe everything you see.

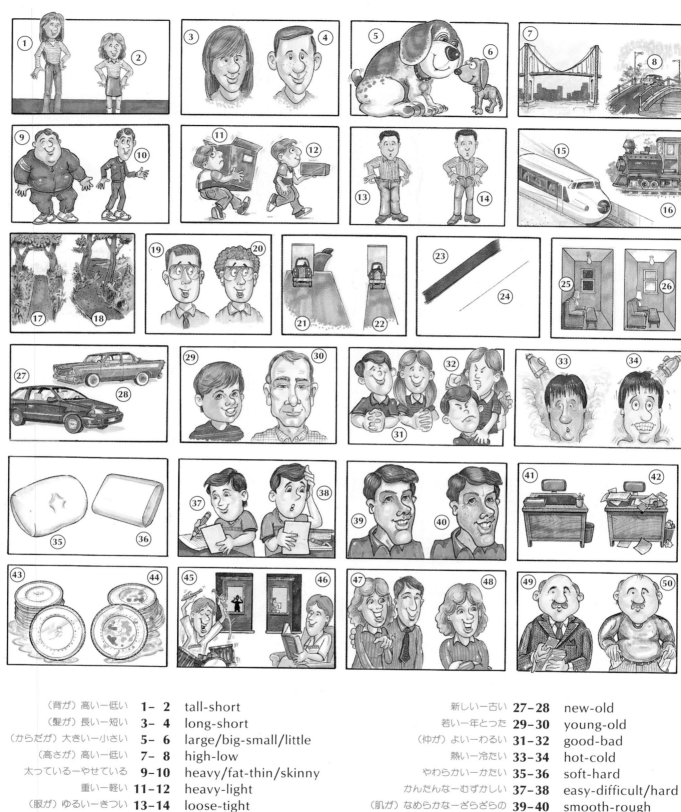

（背が）高い－低い	**1－ 2**	tall-short	新しい－古い	**27－28**	new-old
（髪が）長い－短い	**3－ 4**	long-short	若い－年とった	**29－30**	young-old
（からだが）大きい－小さい	**5－ 6**	large/big-small/little	（仲が）よい－わるい	**31－32**	good-bad
（高さが）高い－低い	**7－ 8**	high-low	熱い－冷たい	**33－34**	hot-cold
太っている－やせている	**9－10**	heavy/fat-thin/skinny	やわらかい－かたい	**35－36**	soft-hard
重い－軽い	**11－12**	heavy-light	かんたんな－むずかしい	**37－38**	easy-difficult/hard
（服が）ゆるい－きつい	**13－14**	loose-tight	（肌が）なめらかな－ざらざらの	**39－40**	smooth-rough
（速さが）速い－おそい	**15－16**	fast-slow	かたづいた－散らかった	**41－42**	neat-messy
（道が）まっすぐな－曲がった	**17－18**	straight-crooked	きれいな－よごれた	**43－44**	clean-dirty
（髪が）まっすぐな－巻き毛の	**19－20**	straight-curly	そうぞうしい－静かな	**45－46**	noisy/loud-quiet
（幅が）広い－狭い	**21－22**	wide-narrow	結婚している－独身の	**47－48**	married-single
太い/厚い－細い/薄い	**23－24**	thick-thin	裕福な－貧しい	**49－50**	rich/wealthy-poor
暗い－明るい	**25－26**	dark-light			

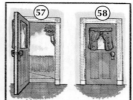

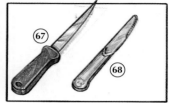

美しいー醜い	**51-52**	pretty/beautiful-ugly	（値段が）高いー安い/高くない	**61-62**	expensive-cheap/ inexpensive
ハンサムなー醜い	**53-54**	handsome-ugly	（服が）はでなーじみな	**63-64**	fancy-plain
ぬれたー乾いた	**55-56**	wet-dry	つやのあるーくすんだ	**65-66**	shiny-dull
開いているー閉じている	**57-58**	open-closed	（刃の先が）とがったーとがっていない	**67-68**	sharp-dull
いっぱいのーからの	**59-60**	full-empty			

[1–2]
A. Is your sister **tall**?
B. No. She's **short**.

1–2	Is your sister _____?		35–36	Is your pillow _____?
3–4	Is his hair _____?		37–38	Is today's homework _____?
5–6	Is their dog _____?		39–40	Is your skin _____?
7–8	Is the bridge _____?		41–42	Is your desk _____?
9–10	Is your friend _____?		43–44	Are the dishes _____?
11–12	Is the box _____?		45–46	Is your neighbor _____?
13–14	Are the pants _____?		47–48	Is your sister _____?
15–16	Is the train _____?		49–50	Is your uncle _____?
17–18	Is the path _____?		51–52	Is the witch _____?
19–20	Is his hair _____?		53–54	Is the pirate _____?
21–22	Is that street _____?		55–56	Are the clothes _____?
23–24	Is the line _____?		57–58	Is the door _____?
25–26	Is the room _____?		59–60	Is the pitcher _____?
27–28	Is your car _____?		61–62	Is that restaurant _____?
29–30	Is he _____?		63–64	Is the dress _____?
31–32	Are your neighbor's children _____?		65–66	Is your kitchen floor _____?
33–34	Is the water _____?		67–68	Is the knife _____?

A. Tell me about your ....
B. He's/She's/It's/They're _____.

A. Is your .... _____?
B. No, not at all. As a matter of fact, he's/she's/it's/they're

_____.

Describe yourself.
Describe a person you know.
Describe one of your favorite places.

A. You look **tired**.
B. I am. I'm VERY **tired**.

   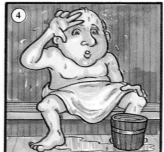

疲れた **1.** tired	のどがかわいた **7.** thirsty
眠い **2.** sleepy	おなかがいっぱいの **8.** full
疲れきった **3.** exhausted	気分がわるい **9.** sick/ill
暑い **4.** hot	楽しい **10.** happy
寒い **5.** cold	有頂天の **11.** ecstatic
おなかがすいた **6.** hungry	

悲しい **12.** sad/unhappy
みじめな **13.** miserable
うれしい **14.** pleased
がっかりした **15.** disappointed
うろたえた **16.** upset

いらいらした	**17.** annoyed	ショックを受けた	**23.** shocked	誇りに思った	**28.** proud
失敗した/くじかれた	**18.** frustrated	落ち着かない	**24.** nervous	どぎまぎした	**29.** embarrassed
怒った	**19.** angry/mad	心配した	**25.** worried	恥じた	**30.** ashamed
激怒した	**20.** furious	こわがった	**26.** scared/afraid	うらやましい	**31.** jealous
うんざりした	**21.** disgusted	あきた	**27.** bored	頭が混乱した/途方にくれた	**32.** confused
びっくりした	**22.** surprised				

A. Are you _____?
B. No. Why do you ask? Do I
   LOOK _____?
A. Yes. You do.

A. I'm _____.
B. Why?
A. ....

What makes you happy? sad? mad?
When do you feel nervous? annoyed?
Do you ever feel embarrassed? When?

[1–22]

A. This **apple** is delicious!
    Where did you get it?
B. At *Shaw's Supermarket.*

[23–31]

A. These **grapes** are delicious!
    Where did you get them?
B. At *Farmer Fred's Fruit Stand.*

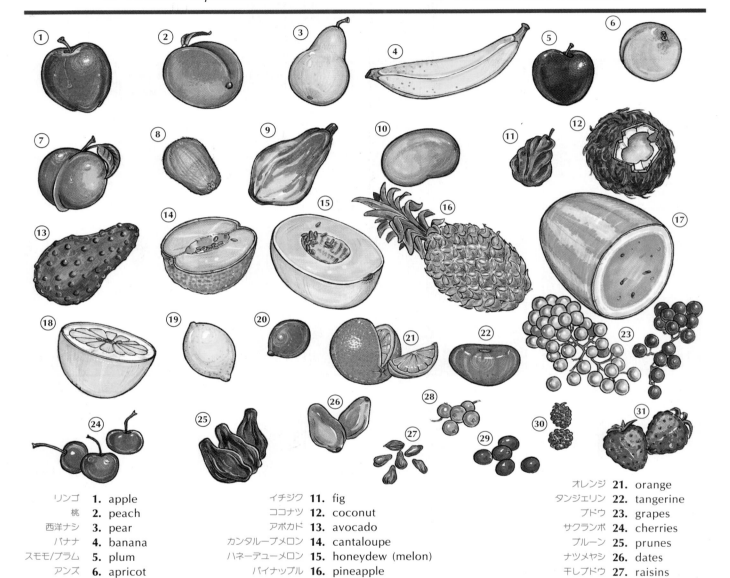

リンゴ	**1.** apple	イチジク	**11.** fig	オレンジ	**21.** orange
桃	**2.** peach	ココナツ	**12.** coconut	タンジェリン	**22.** tangerine
西洋ナシ	**3.** pear	アボカド	**13.** avocado	ブドウ	**23.** grapes
バナナ	**4.** banana	カンタループメロン	**14.** cantaloupe	サクランボ	**24.** cherries
スモモ/プラム	**5.** plum	ハネーデューメロン	**15.** honeydew (melon)	プルーン	**25.** prunes
アンズ	**6.** apricot	パイナップル	**16.** pineapple	ナツメヤシ	**26.** dates
ネクタリン	**7.** nectarine	スイカ	**17.** watermelon	干しブドウ	**27.** raisins
キウイ	**8.** kiwi	グレープフルーツ	**18.** grapefruit	ブルーベリー	**28.** blueberries
パパイヤ	**9.** papaya	レモン	**19.** lemon	ツルコケモモ/クランベリー	**29.** cranberries
マンゴー	**10.** mango	ライム	**20.** lime	木イチゴ/ラズベリー	**30.** raspberries
				イチゴ	**31.** strawberries

A. I'm hungry. Do we have any fruit?
B. Yes. We have _____s* and
    _____s.*

*With 14–18, use:
  We have _____ and _____.

A. Do we have any more _____s?†
B. No. I'll get some more when I go
    to the supermarket.

†With 14–18, use:
  Do we have any more _____?

What are your most favorite fruits?
What are your least favorite fruits?
Which of these fruits grow where you
    live?
Name and describe other fruits you
    are familiar with.

A. What do we need from the supermarket?
B. We need **lettuce*** and **pea**s.†

*1–12   †13–36

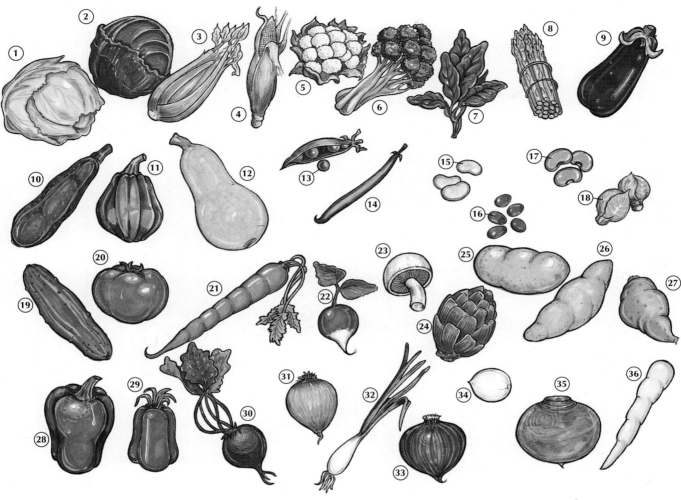

レタス	**1.** lettuce	インゲン	**14.** string bean/ green bean	サツマイモ	**26.** sweet potato

レタス **1.** lettuce
キャベツ **2.** cabbage
セロリ **3.** celery
トウモロコシ **4.** corn
カリフラワー **5.** cauliflower
ブロッコリー **6.** broccoli
ホウレンソウ **7.** spinach
アスパラガス **8.** asparagus
ナス **9.** eggplant
ズッキーニ **10.** zucchini (squash)
西洋カボチャ（どんぐり形） **11.** acorn squash
バターナットカボチャ **12.** butternut squash
エンドウ豆 **13.** pea

インゲン **14.** string bean/ green bean
ライ豆 **15.** lima bean
黒豆 **16.** black bean
ウズラ豆 **17.** kidney bean
芽キャベツ **18.** brussels sprout
キュウリ **19.** cucumber
トマト **20.** tomato
ニンジン **21.** carrot
ラディッシュ **22.** radish
マッシュルーム **23.** mushroom
アーティチョーク **24.** artichoke
ジャガイモ **25.** potato

サツマイモ **26.** sweet potato
ヤムイモ **27.** yam
ピーマン **28.** green pepper
赤ピーマン **29.** red pepper
ビーツ **30.** beet
玉ネギ **31.** onion
シャーロット/ **32.** scallion/
ラッキョウ/リーク green onion
赤タマネギ **33.** red onion
小タマネギ **34.** pearl onion
カブ **35.** turnip
パースニップ **36.** parsnip
（サトウニンジン）

A. How do you like the
    [1–12] / [13–36] s?
B. It's/They're delicious.

A. *Johnny?* Finish your vegetables!
B. But you KNOW I hate
    [1–12] / [13–36] s!
A. I know. But it's/they're good
    for you!

Which vegetables do you like?
Which vegetables don't you like?
Which of these vegetables grow where
    you live?
Name and describe other vegetables
    you are familiar with.

A. I'm going to the supermarket to get **milk** and **soup**.*
    Do we need anything else?
B. Yes. We also need **cereal** and **soda**.*

With 43, 44, 46, 49, and 55, use: a _____.

乳製品	**A. Dairy Products**	缶詰	**B. Canned Goods**	ジュース	**D. Juice**
牛乳	**1.** milk	スープ	**15.** soup	リンゴジュース	**26.** apple juice
低脂肪牛乳	**2.** low-fat milk	ツナの缶詰	**16.** tuna fish	パイナップルジュース	**27.** pineapple juice
スキムミルク	**3.** skim milk	野菜の缶詰	**17.** (canned) vegetables	グレープフルーツジュース	**28.** grapefruit juice
チョコレートミルク	**4.** chocolate milk	果物の缶詰	**18.** (canned) fruit	トマトジュース	**29.** tomato juice
バターミルク	**5.** buttermilk			フルーツパンチジュース	**30.** fruit punch
オレンジジュース	**6.** orange juice†	箱入り食品	**C. Packaged Goods**	グレープジュース	**31.** grape juice
チーズ	**7.** cheese	シリアル	**19.** cereal	クランベリージュース	**32.** cranberry juice
バター	**8.** butter	クッキー	**20.** cookies	パック詰めジュース	**33.** juice paks
マーガリン	**9.** margarine	クラッカー	**21.** crackers	粉末ジュース	**34.** powdered drink mix
サワークリーム	**10.** sour cream	スパゲティ	**22.** spaghetti		
クリームチーズ	**11.** cream cheese	めん類	**23.** noodles	飲み物	**E. Beverages**
カッテージチーズ	**12.** cottage cheese	マカロニ	**24.** macaroni	炭酸飲料	**35.** soda
ヨーグルト	**13.** yogurt	米	**25.** rice	低カロリー炭酸飲料	**36.** diet soda
卵	**14.** eggs			飲料水/ミネラルウォーター	**37.** bottled water

†オレンジジュースは乳製品ではないが、米国では通常このコーナーにある。/Orange juice is not a dairy product, but is usually found in this section.

鳥肉	**F. Poultry**		豚のあばら肉（スペアリブ）	53.	ribs		ムール貝	66.	mussels
鶏肉	38.	chicken	ソーセージ	54.	sausages		ハマグリ	67.	clams
鶏の脚肉	39.	chicken legs	ハム	55.	ham		カニ	68.	crabs
鶏の骨付もも肉	40.	drumsticks	ベーコン	56.	bacon		イセエビ	69.	lobster
鶏のむね肉	41.	chicken breasts							
鶏の手羽肉	42.	chicken wings	海産食品	**H. Seafood**			パン類	**I. Baked Goods**	
七面鳥肉	43.	turkey	魚		FISH		イングリッシュマフィン	70.	English muffins
鴨肉	44.	duck	サケ	57.	salmon		ケーキ	71.	cake
			ヒラメ	58.	halibut		ピタパン	72.	pita bread
豚肉・牛肉など	**G. Meat**		カレイ	59.	flounder		ロールパン	73.	rolls
牛ひき肉	45.	ground beef	メカジキ	60.	swordfish		食パン	74.	bread
ロースト用牛肉	46.	roast	タラ	61.	haddock				
ステーキ用牛肉	47.	steak	マス	62.	trout		冷凍食品	**J. Frozen Foods**	
シチュー用牛肉	48.	stewing meat					アイスクリーム	75.	ice cream
子羊の脚肉	49.	leg of lamb	貝および甲殻類		SHELLFISH		冷凍野菜	76.	frozen vegetables
子羊の厚切り肉（ラムチャップ）	50.	lamb chops	カキ	63.	oysters		冷凍総菜	77.	frozen dinners
豚肉	51.	pork	ホタテ貝	64.	scallops		冷凍レモネード	78.	frozen lemonade
豚の厚切り肉（ポークチャップ）	52.	pork chops	小エビ	65.	shrimp		冷凍オレンジジュース	79.	frozen orange juice

A. Excuse me. Where can I find
  [1–79] ?
B. In the [A–J] Section, next to
  the [1–79] .
A. Thank you.

A. Pardon me. I'm looking for
  [1–79] .
B. It's/They're in the [A–J]
  Section, between the
  [1–79] and the [1–79] .
A. Thanks.

Which of these foods do you like?
Which foods are good for you?
What brands of these foods do you
  buy?

[1–70]

A. Look! _____ is/are on sale this week!

B. Let's get some!

総菜	**A. Deli**		菓子	**B. Snack Foods**		マヨネーズ	**33.** mayonnaise
ロースト ビーフ	**1.** roast beef		ポテトチップス	**16.** potato chips		料理用油	**34.** (cooking) oil
ボローニャソーセージ	**2.** bologna		コーンチップス	**17.** corn chips		オリーブ油	**35.** olive oil
サラミ	**3.** salami		トルティーヤチップス	**18.** tortilla chips		酢	**36.** vinegar
ハム	**4.** ham		ナッチョチップス	**19.** nacho chips		ドレッシング	**37.** salad dressing
七面鳥	**5.** turkey		プリッツェル	**20.** pretzels			
コンビーフ	**6.** corned beef		ポップコーン	**21.** popcorn		コーヒー・紅茶	**D. Coffee and Tea**
アメリカンチーズ	**7.** American cheese		木の実類	**22.** nuts		コーヒー	**38.** coffee
スイスチーズ	**8.** Swiss cheese		ピーナッツ	**23.** peanuts		カフェイン抜きコーヒー	**39.** decaffeinated coffee/
イタリアンチーズ	**9.** provolone						decaf coffee
モッツァレラチーズ	**10.** mozzarella		調味料	**C. Condiments**		紅茶	**40.** tea
チェダーチーズ	**11.** cheddar cheese		ケチャップ	**24.** ketchup		ハーブティー（薬草茶）	**41.** herbal tea
ポテトサラダ	**12.** potato salad		からし	**25.** mustard		ココア	**42.** cocoa/
コールスロー（キャベツサラダ）	**13.** cole slaw		薬味	**26.** relish			hot chocolate mix
マカロニサラダ	**14.** macaroni salad		ピクルス	**27.** pickles			
シーフードサラダ	**15.** seafood salad		オリーブ	**28.** olives		製菓材	**E. Baking Products**
			塩	**29.** salt		小麦粉	**43.** flour
			こしょう	**30.** pepper		砂糖	**44.** sugar
			香辛料	**31.** spices		ケーキの素	**45.** cake mix
			しょう油	**32.** soy sauce			

ジャム・ゼリー	**F. Jams and Jellies**	液体石けん	60. liquid soap	買物客	73. shopper/customer
ジャム	**46.** jam	アルミホイル	61. aluminium foil	レジ台	74. checkout counter
ゼリー状のジャム	**47.** jelly	ラップ	62. plastic wrap	ベルトコンベア	75. conveyor belt
マーマレード	**48.** marmalade	ろう紙	63. waxed paper	クーポン券	76. coupons
ピーナッツバター	**49.** peanut butter			スキャナー	77. scanner
		ベビー用品	**I. Baby Products**	はかり	78. scale
紙製品	**G. Paper Products**	ベビーシリアル	64. baby cereal	レジ	79. cash register
ティッシュペーパー	**50.** tissues	乳児用人工乳	65. formula	レジ係	80. cashier
ナプキン	**51.** napkins	ベビーフード	66. baby food	ポリ袋	81. plastic bag
トイレットペーパー	**52.** toilet paper	おしり拭き	67. wipes	紙袋	82. paper bag
紙コップ	**53.** paper cups	紙おむつ	68. (disposable)	袋詰め係	83. bagger/packer
紙皿	**54.** paper plates		diapers	エキスプレスレジ	84. express checkout (line)
ストロー	**55.** straws			（買物量の少ない人用のレジ）	
ペーパータオル	**56.** paper towels	ペットフード	**J. Pet Food**	タブロイド判新聞	85. tabloid (newspaper)
		キャットフード	69. cat food	雑誌	86. magazine
家庭用品	**H. Household Items**	ドッグフード	70. dog food	ガム	87. (chewing) gum
サンドイッチ入れ/弁当箱	**57.** sandwich bags			あめ	88. candy
ゴミ袋	**58.** trash bags	レジ	**K. Checkout Area**	店内用かご	89. shopping basket
石けん	**59.** soap	通路	71. aisle		
		ショッピングカート	72. shopping cart		

A. Do we need ___[1–70]___ ?	A. We forgot to get ___[1–70]___ !
B. No, but we need ___[1–70]___ .	B. I'll get it/them.
	Where is it?/Where are they?
	A. In the ___[A–J]___ Section over
	there.

Make a complete shopping list of everything you need from the supermarket.

Describe the differences between U.S. supermarkets and food stores in your country.

A. Would you please get a **bag** of *flour* when you go to the supermarket?

B. A **bag** of *flour*? Sure. I'd be happy to.

A. Would you please get two **head**s of *lettuce* when you go to the supermarket?

B. Two **head**s of *lettuce*? Sure. I'd be happy to.

袋	**1.** bag	ふさ	**5.** bunch
（チョコレート・石けんなど板状のもの）個/枚	**2.** bar	かん	**6.** can
びん/本	**3.** bottle	（牛乳など）パック	**7.** carton
箱	**4.** box	（容器入り食品）個	**8.** container

ダース（12個）	**9.** dozen*
（トウモロコシなど）本	**10.** ear
（キャベツ，レタスなど）個	**11.** head
（ジャムなど）びん	**12.** jar

*"a dozen of eggs" ではなく "a dozen eggs"。/ "a dozen eggs," NOT "a dozen of eggs."

（パンなど）個	**13.** loaf-loaves	（バターなど棒状のもの）個	**18.** stick	1/2ガロン容器	**22.** half-gallon	
（ガム・タバコなど）包み	**14.** pack	（容器に入ったマーガリンなど）個	**19.** tub	1ガロン容器	**23.** gallon	
包み/パック	**15.** package	1パイント容器	**20.** pint	（3.785ℓ*）		
巻き	**16.** roll	（約0.473ℓ*、1/2quart）		1リットル容器	**24.** liter	
（ビールなど）半ダースカートン	**17.** six-pack	1クォート容器	**21.** quart	1ポンド（約0.4536kg）	**25.** pound	
		（約0.946ℓ*、1/4gallon）			*米国式換算	

[At home]
A. What did you get at the supermarket?
B. I got _____, _____, and _____.

[In a supermarket]
A. Is this checkout counter open?
B. Yes, but this is the express line. Do you have more than eight items?
B. No. I only have _____, _____, and _____.

Open your kitchen cabinets and refrigerator. Make a list of all the things you find.
What do you do with empty bottles, jars, and cans? Do you recycle them, reuse them, or throw them away?

teaspoon (tsp.)
ティースプーン（小さじ）

tablespoon (Tbsp.)
テーブルスプーン（大さじ）

1 (fluid) ounce (1 fl. oz.)
1（液状）オンス

cup
カップ
=8 fl. ozs.
8（液状）オンス

pint (pt.) パイント
=16 fl. ozs.
16（液状）オンス

quart (qt.) クォート
=32 fl. ozs.
32（液状）オンス

gallon (gal.) ガロン
=128 fl. ozs.
128（液状）オンス

A. How much water should I put in?
B. The recipe says to add one _____ of water.

A. This fruit punch is delicious! What's in it?
B. Two _____s of orange juice, three _____s of grape juice, and a _____ of apple juice.

an ounce (oz.)
1 オンス

a quarter of
a pound (¼ lb.)
¼ポンド
=4 ozs.
4 オンス

half a pound
(½ lb.)
½ポンド
=8 ozs.
8 オンス

three-quarters of
a pound (¾ lb.)
¾ポンド
=12 ozs.
12オンス

a pound (lb.)
1 ポンド
=16 ozs.
16オンス

A. How much roast beef would you like?
B. I'd like _____, please.

A. This chili tastes very good! What did you put in it?
B. _____ of ground beef, _____ of beans, _____ of tomatoes, and _____ of chili powder.

A. Can I help?
B. Yes. Please **cut up** the *vegetables*.

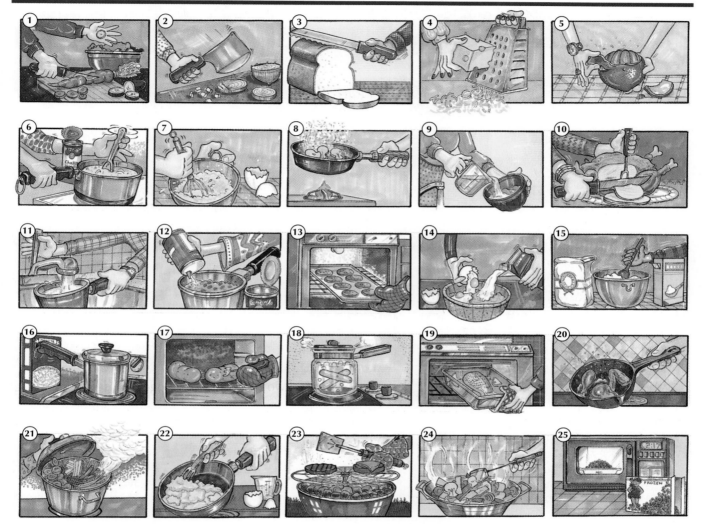

切る **1.** cut (up)	切り分ける **10.** carve	ゆでる **18.** boil
ぶつ切りにする **2.** chop (up)	AにBをいっぱいに入れる **11.** fill A with B	直火で焼く **19.** broil
薄く切る **3.** slice	AをBに加える **12.** add A to B	いためる/揚げる **20.** fry
すりおろす **4.** grate	AをBに入れる **13.** put A in B	蒸す **21.** steam
皮をむく **5.** peel	AとBを合わせる **14.** combine A and B	かきまぜながら焼く **22.** scramble
かきまわす **6.** stir	AとBを合わせてかきまぜる **15.** mix A and B	網焼きする **23.** barbecue/ grill
強くかきまぜる **7.** beat	加熱して料理する **16.** cook	かきまぜながらいためる **24.** stir-fry
手早くいためる **8.** saute	天火で焼く **17.** bake	電子レンジで調理する **25.** microwave
注ぐ **9.** pour		

[1–25] A. What are you doing?
B. I'm _____ing the ....

[16–25] A. How long should I _____ the ....?
B. For .... minutes/seconds.

What's your favorite recipe? Give instructions and use the units of measure on page 52. For example:
Mix a cup of flour and two tablespoons of sugar.
Add half a pound of butter.
Bake at 350° (degrees) for twenty minutes.

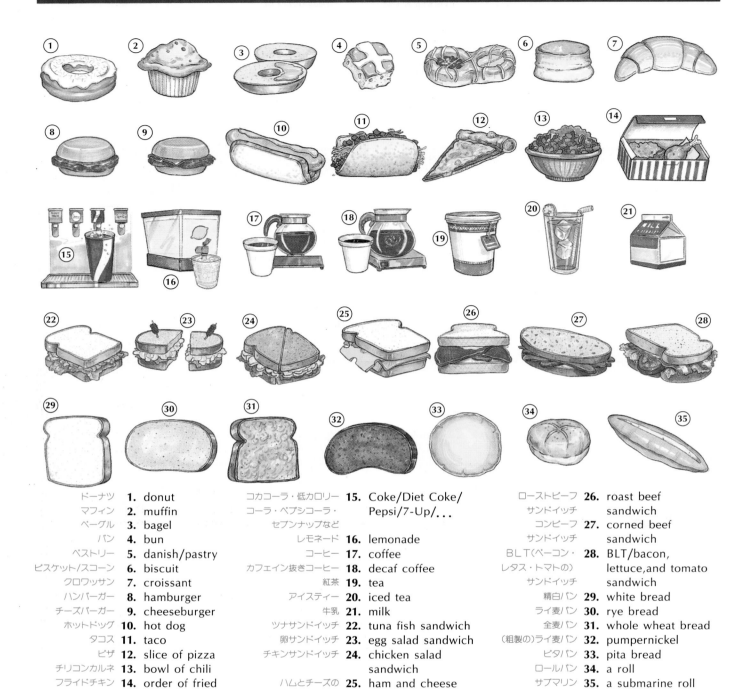

ドーナツ	**1.** donut	コカコーラ・低カロリー	**15.** Coke/Diet Coke/	ローストビーフ	**26.** roast beef
マフィン	**2.** muffin	コーラ・ペプシコーラ・	Pepsi/7-Up/...	サンドイッチ	sandwich
ベーグル	**3.** bagel	セブンナップなど		コンビーフ	**27.** corned beef
パン	**4.** bun	レモネード	**16.** lemonade	サンドイッチ	sandwich
ペストリー	**5.** danish/pastry	コーヒー	**17.** coffee	BLT(ベーコン・	**28.** BLT/bacon,
ビスケット/スコーン	**6.** biscuit	カフェイン抜きコーヒー	**18.** decaf coffee	レタス・トマトの)	lettuce,and tomato
クロワッサン	**7.** croissant	紅茶	**19.** tea	サンドイッチ	sandwich
ハンバーガー	**8.** hamburger	アイスティー	**20.** iced tea	精白パン	**29.** white bread
チーズバーガー	**9.** cheeseburger	牛乳	**21.** milk	ライ麦パン	**30.** rye bread
ホットドッグ	**10.** hot dog	ツナサンドイッチ	**22.** tuna fish sandwich	全麦パン	**31.** whole wheat bread
タコス	**11.** taco	卵サンドイッチ	**23.** egg salad sandwich	(粗製の)ライ麦パン	**32.** pumpernickel
ピザ	**12.** slice of pizza	チキンサンドイッチ	**24.** chicken salad	ピタパン	**33.** pita bread
チリコンカルネ	**13.** bowl of chili		sandwich	ロールパン	**34.** a roll
フライドチキン	**14.** order of fried	ハムとチーズの	**25.** ham and cheese	サブマリン	**35.** a submarine roll
	chicken	サンドイッチ	sandwich	ロールパン	

A. May I help you?
B. Yes. I'd like a/an [1–14] , please.
A. Anything to drink?
B. Yes. I'll have a small/medium-size/
large/extra-large [15–21] .

A. I'd like a [22–28] on [29–35] , please.
B. What do you want on it?
A. Lettuce/tomato/mayonnaise/mustard/...

Do you go to fast food restaurants or sandwich shops? When? How often? What do you order?

前菜 A. Appetizers

フルーツカクテル 1. fruit cup/
fruit cocktail

トマトジュース 2. tomato juice

小エビのカクテル 3. shrimp cocktail

鳥の手羽焼 4. chicken wings

ナッチョス 5. nachos

ポテトスキン 6. potato skins

サラダ B. Salads

グリーンサラダ 7. tossed salad/
garden salad

ギリシア風サラダ 8. Greek salad

ホウレンソウサラダ 9. spinach salad

アンティパスト 10. antipasto
(plate)

シーザーサラダ 11. Caesar salad

サラダバー 12. salad bar

主菜 C. Main Courses/Entrees

ミートローフ 13. meatloaf

ローストビーフ/ 14. roast beef/
プライムリブ   prime rib

子牛のカツレツ 15. veal cutlet

鶏の丸焼き 16. baked chicken

焼き魚 17. broiled fish

スパゲティ 18. spaghetti and
ミートボール   meatballs

副菜 D. Side Dishes

ベークドポテト 19. a baked potato

マッシュポテト 20. mashed potatoes

フライドポテト 21. french fries

＊ 22. rice

パスタ 23. noodles

ミックスベジタブル 24. mixed
vegetables

デザート E. Desserts

チョコレートケーキ 25. chocolate
cake

アップルパイ 26. apple pie

アイスクリーム 27. ice cream

（フルーツゼリー 28. jello

プリン 29. pudding

サンデーパフェ 30. ice cream
sundae

[Ordering dinner]

A. May I take your order?

B. Yes, please. For the appetizer I'd like the [1–6] .

A. And what kind of salad would you like?

B. I'll have the [7–12] .

A. And for the main course?

B. I'd like the [13–18] , please.

A. What side dish would you like with that?

B. Hmm. I think I'll have [19–24] .

[Ordering dessert]

A. Would you care for some dessert?

B. Yes. I'll have [25–29] /an [30] .

Do you go to restaurants? Which ones? What do you order? Describe some popular desserts in your country.

A. What's your favorite color?
B. **Red.**

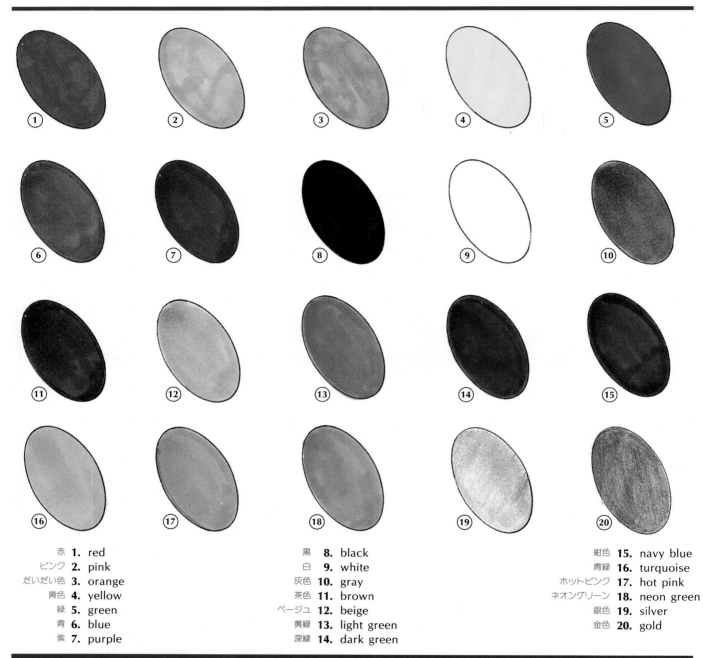

赤	**1.** red	黒	**8.** black	紺色	**15.** navy blue
ピンク	**2.** pink	白	**9.** white	青緑	**16.** turquoise
だいだい色	**3.** orange	灰色	**10.** gray	ホットピンク	**17.** hot pink
黄色	**4.** yellow	茶色	**11.** brown	ネオングリーン	**18.** neon green
緑	**5.** green	ベージュ	**12.** beige	銀色	**19.** silver
青	**6.** blue	黄緑	**13.** light green	金色	**20.** gold
紫	**7.** purple	深緑	**14.** dark green		

A. I like your _____ shirt.
   You look very good in _____.
B. Thank you. _____ is my favorite color.

A. My color TV is broken.
B. What's the matter with it?
A. People's faces are _____, the sky is _____, and the grass is _____!

Do you know the flags of different countries? What are the colors of the flags you know?
What color makes you happy? What color makes you sad? Why?

A. I think I'll wear my new **shirt** today.
B. Good idea!

（長そで）シャツ	**1.** shirt/long-sleeved shirt	
半そでシャツ	**2.** short-sleeved shirt	
ワイシャツ	**3.** dress shirt	
カジュアルシャツ	**4.** sport shirt	
ポロシャツ	**5.** polo shirt/jersey/ sport shirt	
ネルのシャツ	**6.** flannel shirt	
ブラウス	**7.** blouse	
タートルネック（のセーター）	**8.** turtleneck	
ズボン	**9.** pants/slacks	
ジーンズ	**10.** (blue) jeans	

コーデュロイの ズボン	**11.** corduroy pants/ corduroys
スカート	**12.** skirt
ワンピース	**13.** dress
ジャンプスーツ	**14.** jumpsuit
ショートパンツ （半ズボン）	**15.** shorts
セーター	**16.** sweater
Vネックのセーター	**17.** V-neck sweater
カーディガン	**18.** cardigan sweater
オーバーオール	**19.** overalls
制服	**20.** uniform

カジュアル ジャケット	**21.** jacket/sports jacket/ sports coat
上着	**22.** jacket
ブレザー	**23.** blazer
スーツ	**24.** suit
三つ揃いの背広	**25.** three-piece suit
ベスト	**26.** vest
ネクタイ	**27.** tie/necktie
蝶ネクタイ	**28.** bowtie
タキシード	**29.** tuxedo
イブニングドレス	**30.** (evening) gown

A. I really like your _____.
B. Thank you.
A. Where did you get it/them?
B. At ………….

A. Oh, no! I just ripped my _____!
B. What a shame!

What color clothes do you like to wear?
Do you ever wear jeans? When?
What do you wear at parties? at work or at school? at weddings?

パジャマ	**1.** pajamas	（ビキニ型）ショーツ	**11.** (bikini) panties/
ネグリジェ/ねまき	**2.** nightgown		underpants
シャツねまき	**3.** nightshirt	ショーツ	**12.** briefs
バスローブ	**4.** bathrobe/robe	ブラジャー	**13.** bra
スリッパ	**5.** slippers	キャミソール	**14.** camisole
肌着/Tシャツ	**6.** undershirt/	スリップ	**15.** slip
	tee shirt	ペチコート	**16.** half slip
ブリーフ	**7.** (jockey) shorts/	ストッキング	**17.** stockings
	underpants	パンティーストッキング	**18.** pantyhose
トランクス	**8.** boxer shorts	タイツ	**19.** tights
サポーター	**9.** athletic supporter/	くつ下	**20.** socks
	jock strap	ハイソックス	**21.** knee socks
防寒用肌着	**10.** long underwear/	靴	**22.** shoes
	long johns	ハイヒール	**23.** (high) heels

パンプス	**24.** pumps
ローファー	**25.** loafers
スニーカー	**26.** sneakers
テニスシューズ	**27.** tennis shoes
ジョギングシューズ	**28.** running shoes
ハイカット	**29.** high tops/
バスケットシューズ	high-top sneakers
サンダル	**30.** sandals
ビーチサンダル	**31.** thongs/flip-flops
ブーツ	**32.** boots
ワーキングブーツ	**33.** work boots
登山靴	**34.** hiking boots
カウボーイブーツ	**35.** cowboy boots
モカシン	**36.** moccasins

[1–21] A. I can't find my new _____.
       B. Did you look in the bureau/dresser/closet?
       A. Yes, I did.
       B. Then it's/they're probably in the wash.

[22–36] A. Are those new _____?
        B. Yes, they are.
        A. They're very nice.
        B. Thanks.

Tシャツ	**1.**	tee shirt	コート	**12.**	coat	オーバーシューズ	**24.**	rubbers
タンクトップ	**2.**	tank top	オーバーコート	**13.**	overcoat	手袋	**25.**	gloves
スエットシャツ（トレーナー）	**3.**	sweatshirt	ジャケット	**14.**	jacket	ミトン	**26.**	mittens
スエットパンツ	**4.**	sweat pants	ウインドブレーカー	**15.**	windbreaker	（緑のある）帽子	**27.**	hat
ジョギングパンツ	**5.**	running shorts	スキー用ジャケット	**16.**	ski jacket	（緑のない）帽子	**28.**	cap
テニス用ショートパンツ	**6.**	tennis shorts	ボンバージャケット	**17.**	bomber jacket	野球帽	**29.**	baseball cap
ライクラパンツ	**7.**	lycra shorts	アノラック	**18.**	parka	ベレー帽	**30.**	beret
ジョギングスーツ	**8.**	jogging suit/ running suit	ダウンジャケット	**19.**	down jacket	レインハット	**31.**	rain hat
レオタード	**9.**	leotard	ダウンベスト	**20.**	down vest	スキー帽	**32.**	ski hat
タイツ	**10.**	tights	レインコート	**21.**	raincoat	スキーマスク	**33.**	ski mask
スエットバンド	**11.**	sweatband	ポンチョ	**22.**	poncho	耳当て	**34.**	ear muffs
			トレンチコート	**23.**	trenchcoat	マフラー	**35.**	scarf

[1–11] A. Excuse me. I found this/these _____
in the dryer. Is it/Are they yours?
B. Yes. It's/They're mine. Thank you.

[12–35] A. What's the weather like today?
B. It's cool/cold/raining/snowing.
A. I think I'll wear my _____.

Do you exercise? How? What kind of clothing and shoes do you wear when you exercise?

What do you wear outside when the weather is bad?

A. Oh, no! I think I lost my **ring**!
B. I'll help you look for it.

A. Oh, no! I think I lost my **earrings**!
B. I'll help you look for them.

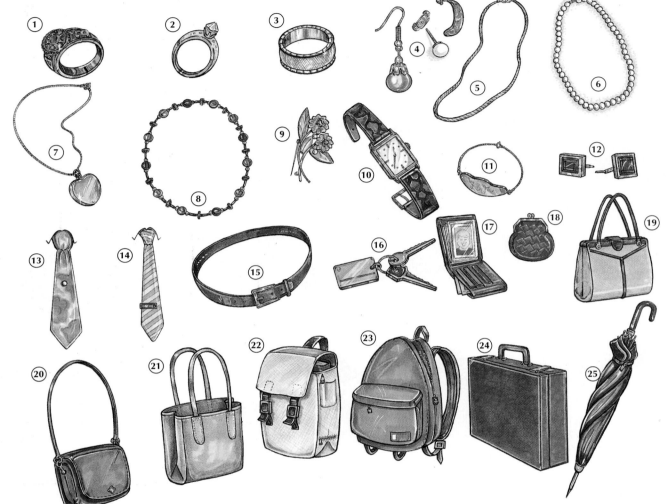

指輪	**1.**	ring
婚約指輪	**2.**	engagement ring
結婚指輪	**3.**	wedding ring/ wedding band
イヤリング	**4.**	earrings
ネックレス	**5.**	necklace
真珠のネックレス	**6.**	pearl necklace/ pearls
鎖	**7.**	chain
ビーズ（のネックレス）	**8.**	beads
ブローチ	**9.**	pin

腕時計	**10.**	watch/ wrist watch
ブレスレット	**11.**	bracelet
カフスボタン	**12.**	cuff links
ネクタイピン	**13.**	tie pin/ tie tack
タイ留め	**14.**	tie clip
ベルト	**15.**	belt
キーホルダー	**16.**	key ring/ key chain
財布	**17.**	wallet

小銭入れ	**18.**	change purse
ハンドバッグ	**19.**	pocketbook/ purse/handbag
ショルダーバッグ	**20.**	shoulder bag
手さげかばん	**21.**	tote bag
ランドセル式かばん	**22.**	book bag
リュックサック/ デイバック	**23.**	backpack
書類かばん/ ブリーフケース	**24.**	briefcase
傘	**25.**	umbrella

[In a store]
A. Excuse me. Is this/Are these _____ on sale this week?
B. Yes. It's/They're half price.

[On the street]
A. Help! Police! Stop that man/woman!
B. What happened?!
A. He/She just stole my _____ and my _____!

Do you like to wear jewelry? What jewelry do you have?
In your country, what do men, women, and children use to

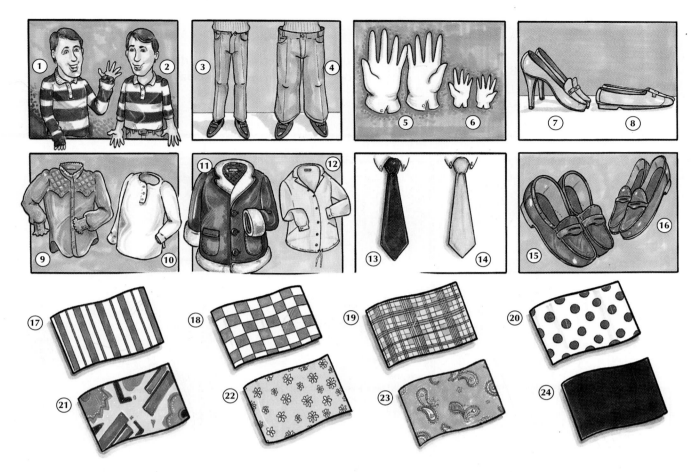

長いー短い	**1– 2**	long-short	
ぴったりしたーゆるい	**3– 4**	tight-loose/baggy	
大きいー小さい	**5– 6**	large/big-small	
高いー低い	**7– 8**	high-low	
はでなー地味な	**9–10**	fancy-plain	
厚手のー薄手の	**11–12**	heavy-light	

（色が）暗いー明るい	**13–14**	dark-light
広いー狭い	**15–16**	wide-narrow
しま模様の	**17.**	striped
市松模様の	**18.**	checked
格子柄の	**19.**	plaid

水玉模様の	**20.**	polka dot
プリント柄の	**21.**	print
花模様の	**22.**	flowered
ペイズリー模様の	**23.**	paisley
青い無地の	**24.**	solid blue

[1–2]
A. Are the sleeves too **long**?
B. No. They're too **short**.

1–2	Are the sleeves too _____?
3–4	Are the pants too _____?
5–6	Are the gloves too _____?
7–8	Are the heels too _____?

9–10	Is the blouse too _____?
11–12	Is the coat too _____?
13–14	Is the color too _____?
15–16	Are the shoes too _____?

[17–24]
A. How do you like this _____ tie/shirt/skirt?
B. Actually, I prefer that _____ one.

Describe your favorite clothing.

A. Excuse me. Where's the **store directory**?
B. It's over there, next to the **escalator**.

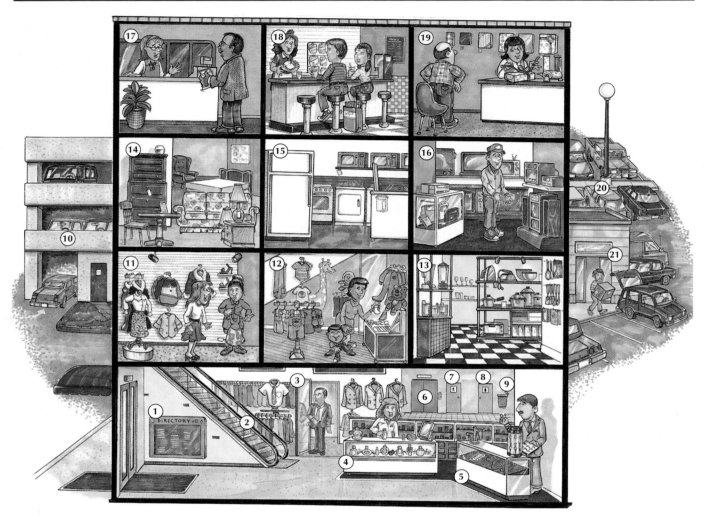

売場案内	**1.** (store) directory	
エスカレーター	**2.** escalator	
紳士服売場	**3.** Men's Clothing Department	
香水売場	**4.** Perfume Counter	
宝石売場	**5.** Jewelry Counter	
エレベーター	**6.** elevator	
男子トイレ	**7.** men's room	
女子トイレ	**8.** ladies' room	
水飲み場	**9.** water fountain	
パーキングビル	**10.** parking garage	
婦人服売場	**11.** Women's Clothing Department	
子供服売場	**12.** Children's Clothing Department	

家庭用品売場	**13.** Housewares Department
家具売場	**14.** Furniture Department/ Home Furnishings Department
家庭用電化製品売場	**15.** Household Appliances Department
テレビ・音響製品売場	**16.** Electronics Department
お客様サービスカウンター	**17.** Customer Assistance Counter/ Customer Service Counter
スナック（軽食）スタンド	**18.** snack bar
贈答品包装カウンター	**19.** Gift Wrap Counter
駐車場	**20.** parking lot
商品受取所	**21.** customer pickup area

A. Pardon me. Is this the way to the
_____?
B. Yes, it is./No, it isn't.

A. I'll meet you at/in/near/in front of
the _____.
B. Okay. What time?
A. At *3:00*.

Describe a department store you
know. Tell what is on each floor.

A. May I help you?
B. Yes, please. I'm looking for a **TV**.

テレビ	**1.** TV/television set		ステレオ	**13.** stereo system/sound system
リモコン	**2.** remote control (unit)		テープレコーダー	**14.** tape recorder
ビデオデッキ	**3.** VCR/videocassette recorder		ヘッドフォンステレオ/	**15.** (personal) cassette player/
（未録画）ビデオテープ	**4.** (blank) videotape		ウォークマン	Walkman
ビデオテープ	**5.** video/(video) tape		ミニコンポ	**16.** portable stereo
ビデオカメラ	**6.** camcorder/videocamera			system/boom box
レコードプレーヤー	**7.** turntable		カセットテープ	**17.** (audio) tape/(audio)cassette
テープデッキ	**8.** tape deck		CD（コンパクトディスク）	**18.** CD/compact disc
CDプレーヤー	**9.** CD player/compact disc player		レコード	**19.** record
アンプ	**10.** amplifier		ヘッドホン	**20.** set of headphones
チューナー	**11.** tuner		ラジオ	**21.** radio
スピーカー	**12.** speaker		短波ラジオ	**22.** shortwave radio
			タイマー付ラジオ	**23.** clock radio

A. How do you like my _____?
B. It's great/fantastic/awesome!

A. Which company makes a good _____?
B. In my opinion, the best _____ is made by ....

What video and audio equipment do you have or want?
In your opinion, which brands are the best?

A. Can you recommend a good **computer**?*
B. Yes. This **computer** here is excellent.

コンピューター	**1.** computer	ノート型	**11.** notebook computer	三脚	**20.** tripod

コンピューター **1.** computer
モニター **2.** monitor
ディスクドライブ **3.** disk drive
キーボード **4.** keyboard
マウス **5.** mouse
プリンター **6.** printer
モデム **7.** modem
フロッピーディスク **8.** (floppy) disk/
  diskette
ソフトウエア **9.** (computer)
  software
小型コンピューター **10.** portable computer

ノート型 **11.** notebook computer
コンピューター
電話機 **12.** telephone/phone
コードレス電話機 **13.** portable phone
  /portable telephone
留守番電話 **14.** answering machine
ファクシミリ **15.** fax machine
カメラ **16.** camera
ズームレンズ **17.** zoom lens
カメラケース **18.** camera case
フラッシュ **19.** flash attachment

三脚 **20.** tripod
フィルム **21.** film
スライド映写機 **22.** slide projector
スクリーン **23.** (movie) screen
電動タイプライター **24.** electric typewriter
電子タイプライター **25.** electronic typewriter
電卓 **26.** calculator
計算器 **27.** adding machine
レギュレーター **28.** voltage regulator
（電圧調整器）
アダプター **29.** adapter

A. Excuse me. Do you sell
  _____s?†
B. Yes. We carry a complete line of
  _____s.†

†With 9 and 21, use the singular.

A. Which _____ is the best?
B. This one here. It's made by
  ....

Do you have a camera? What kind
  is it? What do you take pictures of?
Does anyone you know have an
  answering machine? When you
  call, what does the machine say?
How have computers changed the world?

A. Excuse me. I'm looking for (a/an) _____(s) for my *grandson.**
B. Look in the next aisle.
A. Thank you.

* *grandson/granddaughter/…*

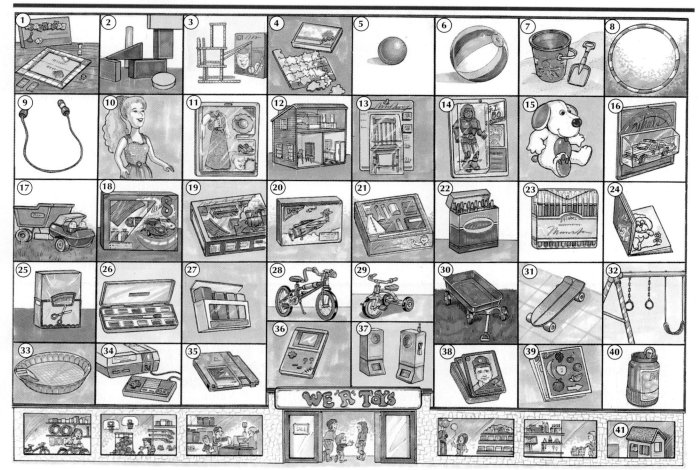

卓上ゲーム/ゲーム盤	**1.** (board) game	ミニカー	**16.** matchbox car
積み木	**2.** (building) blocks	オモチャのトラック	**17.** toy truck
工作セット	**3.** construction set	レーシングカーセット	**18.** racing car set
ジグソーパズル	**4.** (jigsaw) puzzle	電車セット	**19.** train set
ゴムまり	**5.** rubber ball	プラモデル	**20.** model kit
ビーチボール	**6.** beach ball	実験セット	**21.** science kit
バケツとシャベル	**7.** pail and shovel	クレヨン	**22.** crayons
フラフープ	**8.** hula hoop	サインペン	**23.** (color) markers
なわとび	**9.** jump rope	ぬり絵	**24.** coloring book
人形	**10.** doll	（図工用）色画用紙	**25.** construction paper
着せ替え人形の洋服	**11.** doll clothing	絵の具セット	**26.** paint set
ドールハウス	**12.** doll house	粘土	**27.** (modeling) clay
（ミニチュアの家）		自転車	**28.** bicycle
ドールハウスの家具	**13.** doll house furniture	三輪車	**29.** tricycle
アクション人形	**14.** action figure	四輪車	**30.** wagon
ぬいぐるみ	**15.** stuffed animal		

スケートボード **31.** skateboard
ブランコ **32.** swing set
ビニールプール **33.** plastic swimming pool/ wading pool
テレビゲーム **34.** video game system
テレビゲームソフト **35.** (video) game cartridge
携帯用テレビゲーム **36.** hand-held video game
携帯用無線電話機 **37.** walkie-talkie (set)
トレーディングカード **38.** trading cards
（野球カードなど）
シール **39.** stickers
シャボン玉 **40.** bubble soap
おもちゃの家 **41.** play house

A. I don't know what to get my
............-year-old son/daughter
for his/her birthday.
B. What about (a) _____?
A. Good idea! Thanks.

A. Mom/Dad? Can we buy
this/these _____?
B. No, *Johnny.* Not today.

What toys are most popular in your
country?
What were your favorite toys when
you were a child?

硬貨/Coins

名称	Name		価値	Value	表記	Written as:
ペニー	**1.** penny		1セント	one cent	1¢	$ .01
ニッケル	**2.** nickel		5セント	five cents	5¢	$ .05
ダイム	**3.** dime		10セント	ten cents	10¢	$ .10
クォーター	**4.** quarter		25セント	twenty-five sents	25¢	$ .25
ハーフダラー	**5.** half dollar		50セント	fifty cents	50¢	$ .50
シルバーダラー	**6.** silver dollar		1ドル	one dollar		$1.00

A. How much is a **penny** worth?
B. A penny is worth **one cent**.

A. *Soda* costs *seventy-five cents*.
   Do you have enough change?
B. Yes. I have a/two/three _____(s) and . . . .

通貨紙幣/Currency

名称	Name		通称 We sometimes say:	価値	Value	表記	Written as:
1ドル紙幣	**7.** (one-)dollar bill		a one	1ドル	one dollar		$ 1.00
5ドル紙幣	**8.** five-dollar bill		a five	5ドル	five dollars		$ 5.00
10ドル紙幣	**9.** ten-dollar bill		a ten	10ドル	ten dollars		$ 10.00
20ドル紙幣	**10.** twenty-dollar bill		a twenty	20ドル	twenty dollars		$ 20.00
50ドル紙幣	**11.** fifty-dollar bill		a fifty	50ドル	fifty dollars		$ 50.00
100ドル紙幣	**12.** (one-)hundred dollar bill		a hundred	100ドル	one hundred dollars		$100.00

A. I need to go to the supermarket.
   Do you have any cash?
B. Let me see. I have a **twenty-dollar bill**.
A. **Twenty dollars** is enough. Thanks.

A. Can you change a **five-dollar bill/a five**?
B. Yes. I've got *five* **one-dollar bills**/*five* **ones**.

Written as	We say:	How much do you pay for a loaf of bread? a hamburger?
$1.20	one dollar and twenty cents	a cup of coffee? a gallon of gas?
	a dollar twenty	Name and describe the coins and currency in your country.
$2.50	two dollars and fifty cents	What are they worth in U.S. dollars?
	two fifty	
$37.43	thirty-seven dollars and forty-three cents	
	thirty-seven forty-three	

小切手帳	**1.** checkbook	キャッシュカード	**7.** ATM card	貸金庫	**14.** safe deposit box
小切手記録簿	**2.** check register	預金伝票	**8.** deposit slip	金銭出納係	**15.** teller
月々の利用明細書	**3.** monthly statement	払戻伝票	**9.** withdrawal slip	警備員	**16.** security guard
通帳	**4.** bank book	小切手	**10.** check	自動預払機	**17.** automatic teller
トラベラーズチェック	**5.** traveler's checks	為替	**11.** money order		(machine)/
（旅行者用小切手）		貸付申請書	**12.** loan application		ATM (machine)
クレジットカード	**6.** credit card	金庫	**13.** (bank) vault	行員	**18.** bank officer

[1–7]

A. What are you looking for?

B. My _____. I can't find it/them anywhere!

[8–12]

A. What are you doing?

B. I'm filling out this _____.

A. For how much?

B. ....

[13–18]

A. How many _____s does the State Street Bank have?

B. ....

Do you have a bank account? What kind? Where?

Do you ever use traveler's checks? When?

Do you have a credit card? What kind? When do you use it?

[1–23, 27–79]
A. My doctor checked my **head** and said everything is okay.
B. I'm glad to hear that.

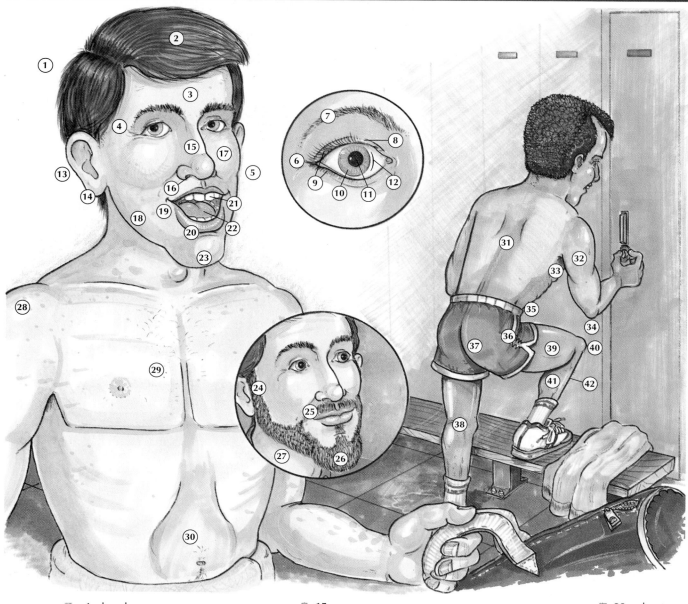

頭	**1.** head	鼻	**15.** nose	胸	**29.** chest
髪	**2.** hair	鼻の穴	**16.** nostril	腹	**30.** abdomen
額	**3.** forehead	ほお	**17.** cheek	背中	**31.** back
こめかみ	**4.** temple	あご	**18.** jaw	腕	**32.** arm
顔	**5.** face	口	**19.** mouth	わきの下	**33.** armpit
目	**6.** eye	唇	**20.** lip	ひじ	**34.** elbow
まゆ	**7.** eyebrow	歯	**21.** tooth-teeth	ウエスト（胴のくびれ）	**35.** waist
まぶた	**8.** eyelid	舌	**22.** tongue	ヒップ（しりの側面）	**36.** hip
まつげ	**9.** eyelashes	下あご	**23.** chin	しり（でん部）	**37.** buttocks
こう彩	**10.** iris	もみあげ	**24.** sideburn	脚	**38.** leg
どう孔（ひとみ）	**11.** pupil	口ひげ	**25.** mustache	太もも	**39.** thigh
角膜	**12.** cornea	あごひげ	**26.** beard	ひざ	**40.** knee
耳	**13.** ear	首	**27.** neck	ふくらはぎ	**41.** calf
耳たぶ	**14.** earlobe	肩	**28.** shoulder	向こうずね	**42.** shin

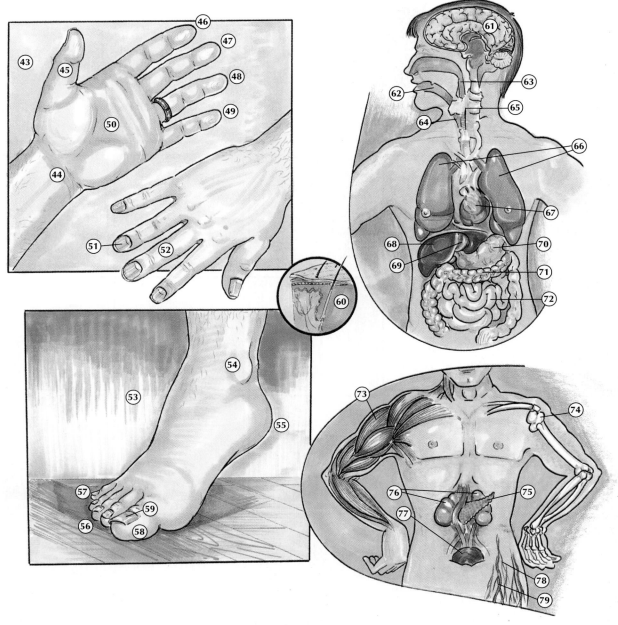

手	**43.** hand	つま先	**56.** toe				
手首	**44.** wrist	足の小指	**57.** little toe				
親指	**45.** thumb	足の親指	**58.** big toe				
人差し指	**46.** (index) finger	足のつめ	**59.** toenail	胆のう	**69.** gallbladder
中指	**47.** middle finger	皮膚	**60.** skin	胃	**70.** stomach
薬指	**48.** ring finger	脳	**61.** brain	小腸	**71.** small intestine
小指	**49.** pinky/little finger	のど	**62.** throat	大腸	**72.** large intestine
手のひら	**50.** palm	食道	**63.** esophagus	筋肉	**73.** muscles
手のつめ	**51.** fingernail	気管	**64.** windpipe	骨	**74.** bones
指関節	**52.** knuckle	脊髄	**65.** spinal cord	すい臓	**75.** pancreas
足	**53.** foot	肺	**66.** lungs	じん臓	**76.** kidneys
くるぶし	**54.** ankle	心臓	**67.** heart	ぼうこう	**77.** bladder
カカと	**55.** heel	肝臓	**68.** liver	静脈	**78.** veins
				動脈	**79.** arteries

[1, 3–8, 13–23, 27–34, 36–60]

A. Ooh!
B. What's the matter?
A. { My _____ hurts!
    { My _____ s hurt!

[61–79]

A. My doctor wants me to have some tests.
B. Why?
A. She's concerned about my _____.

Describe yourself as completely as you can.
Which parts of the body are most important at school? at work? when you play your favorite sport?

A. What's the matter?
B. I have a/an __[1–19]__ .

A. What's the matter?
B. I have __[20–26]__ .

頭痛	**1.** headache	ウイルス	**10.** virus
耳の痛み	**2.** earache	感染	**11.** infection
歯痛	**3.** toothache	発疹	**12.** rash
胃痛	**4.** stomachache	虫さされ	**13.** insect bite
腰痛	**5.** backache	日焼け	**14.** sunburn
のどの痛み	**6.** sore throat	肩こり	**15.** stiff neck
熱	**7.** fever/ temperature	鼻水	**16.** runny nose
かぜ	**8.** cold	鼻血	**17.** bloody nose
せき	**9.** cough	虫歯	**18.** cavity

いぼ	**19.** wart
しゃっくり	**20.** (the) hiccups
寒け	**21.** (the) chills
腹部の激痛（けいれん）	**22.** cramps
下痢	**23.** diarrhea
胸の痛み	**24.** chest pain
息切れ	**25.** shortness of breath
喉こう頭炎	**26.** laryngitis

A. What's the matter?
B. { I feel [27–30] .
{ I'm [31–32] .
{ I'm [33–38] ing.

A. What's the matter?
B. { I [39–48] ed my ....
{ My .... is/are [49–50] .

気が遠くなる **27.** faint	ぜいぜい息をする **35.** wheeze	すりむく **43.** scrape
めまいがする **28.** dizzy	げっぷをする **36.** burp	あざをつける **44.** bruise
吐き気がする **29.** nauseous	嘔吐する **37.** vomit/throw up	やけどする **45.** burn
むくみがある **30.** bloated	出血する **38.** bleed	骨折する **46.** break-broke
うっ血した/充血した **31.** congested	ひねる **39.** twist	痛める **47.** hurt-hurt
疲労した **32.** exhausted	ねんざする **40.** sprain	切り傷をつける **48.** cut-cut
せきをする **33.** cough	脱臼きゅうする **41.** dislocate	はれた **49.** swollen
くしゃみをする **34.** sneeze	かき傷をつける **42.** scratch	かゆい **50.** itchy

A. How do you feel?
B. Not so good./Not very well./Terrible!
A. What's the matter?
B. ...., ..., and ....
A. I'm sorry to hear that.

Tell about the last time you didn't feel well. What was the matter?
Tell about a time you hurt yourself. What happened? How?
What are the symptoms of a cold? a heart problem?

医師	**1.** doctor/physician	心臓病専門医	**11.** cardiologist
看護婦	**2.** nurse	検眼士	**12.** optometrist
レントゲン技師	**3.** X-ray technician	外科医	**13.** surgeon
検査技師	**4.** lab technician	精神科医	**14.** psychiatrist
救急医療士	**5.** EMT/emergency medical technician	診察台	**15.** examination table
歯科医	**6.** dentist	視力検査表	**16.** eye chart
口腔こう衛生士	**7.** (oral) hygienist	体重計	**17.** scale
産科医	**8.** obstetrician	レントゲン写真機	**18.** X-ray machine
婦人科医	**9.** gynecologist	聴診器	**19.** stethoscope
小児科医	**10.** pediatrician	体温計	**20.** thermometer

手袋	**21.** gloves
血圧計	**22.** blood pressure gauge
注射針/注射器	**23.** needle/syringe
ガーゼ	**24.** bandages/gauze
ばんそうこう	**25.** adhesive tape
アルコール	**26.** alcohol
脱脂綿	**27.** cotton balls
ドリル	**28.** drill
麻酔薬	**29.** anesthetic/Novocaine

[1–14]
A. What do you do?
B. I'm a/an _____.

[15–18]
A. Please step over here to the _____.
B. Okay.

[19–29]
A. Please hand me the _____.
B. Here you are.

Where do you go for medical care? How often? Who examines you? What does he/she do?

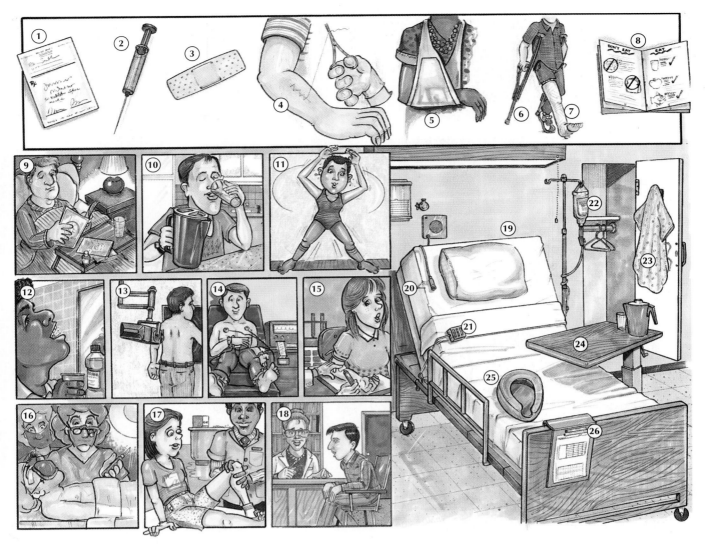

処方せん	**1.** prescription	流動食をとる	**10.** drink fluids	カウンセリング	**18.** counseling
注射	**2.** injection/shot	からだを動かす	**11.** exercise	治療用ベッド	**19.** hospital bed
救急ばんそうこう	**3.** bandaid	うがいをする	**12.** gargle	呼出しボタン	**20.** call button
縫合	**4.** stitches	レントゲン写真	**13.** X-rays	ベッド調節器	**21.** bed control
三角巾	**5.** sling	検査	**14.** tests	点滴	**22.** I.V.
松葉杖	**6.** crutches	血液検査	**15.** blood work/	患者用ガウン	**23.** hospital gown
ギプス	**7.** cast		blood tests	（寝室用の）テーブル	**24.** bed table
食餌療法	**8.** diet	手術	**16.** surgery	（病人用）便器	**25.** bed pan
安静にする	**9.** rest in bed	理学療法	**17.** physical therapy	カルテ	**26.** medical chart

[1–8]
A. What did the doctor do?
B. She/He gave me (a/an)

_____.

[9–18]
A. What did the doctor say?
B. { She/He told me to [9–12].
{ She/He told me I need [13–18].

[19–26]
A. This is your _____.
B. I see.

When did you have your last medical checkup?
What did the doctor say?

Have you ever been in the hospital?
When? Why? Tell about your experience.

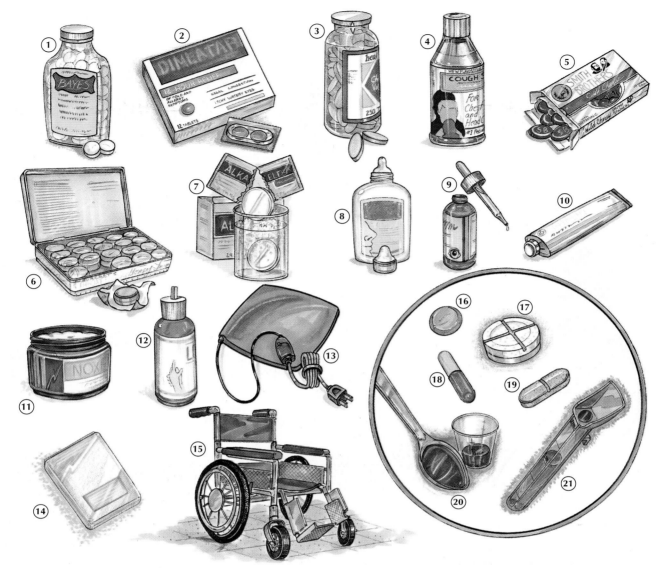

アスピリン	**1.** aspirin	鼻炎用スプレー・	**8.** decongestant spray/nasal spray	車いす	**15.** wheelchair

アスピリン **1.** aspirin
かぜ薬 **2.** cold tablets
ビタミン剤 **3.** vitamins
せき止めシロップ **4.** cough syrup
せき止めドロップ **5.** cough drops
のどあめ **6.** throat lozenges
制酸剤 **7.** antacid tablets

鼻炎用スプレー・消炎スプレー **8.** decongestant spray/nasal spray
目薬 **9.** eye drops
軟こう **10.** ointment
（薬用）クリーム **11.** creme
（薬用）ローション **12.** lotion
ヒーティングパッド(加温器) **13.** heating pad
氷のう **14.** ice pack

車いす **15.** wheelchair
丸薬 **16.** pill
錠剤 **17.** tablet
カプセル **18.** capsule
カプレット **19.** caplet
（カプセル型錠剤）
ティースプーン **20.** teaspoon
テーブルスプーン **21.** tablespoon

[1–15] A. What did the doctor say?
B. { She/He told me to take [1–4] .
     { She/He told me to use (a/an) [5–15] .

[16–21] A. What's the dosage?
         B. One _____, every three hours.

What medicines do you take or use?
For what ailments?

Describe any medical treatments or medicines in your country that are different from the ones in these lessons.

手紙	**1.** letter	切手	**11.** stamp	切手・郵便料金	**22.** stamp/postage

手紙　**1.** letter
はがき　**2.** postcard
航空郵便/航空書簡　**3.** air letter/ aerogramme
小包　**4.** package/parcel
第一種（封書）　**5.** first class
航空便　**6.** air mail
郵便小包　**7.** parcel post
書籍小包/第三種　**8.** book rate/ third class
書留　**9.** registered mail
速達　**10.** express mail/ overnight mail

切手　**11.** stamp
切手シート　**12.** sheet of stamps
巻いてある切手/巻き切手　**13.** roll of stamps
切手帳　**14.** book of stamps
郵便為替　**15.** money order
転居届　**16.** change-of- address form
選抜徴兵登録用紙　**17.** selective service registration form
封筒　**18.** envelope
あて先　**19.** address
郵便番号　**20.** zip code
差出人住所氏名　**21.** return address

切手・郵便料金　**22.** stamp/postage
消印　**23.** postmark
投函口　**24.** mail slot
窓口　**25.** window
郵便局員　**26.** postal worker/ postal clerk
はかり　**27.** scale
切手自動販売機　**28.** stamp machine
郵便車　**29.** mail truck
郵便ポスト　**30.** mailbox
郵便配達人　**31.** letter carrier/ mail carrier
郵便袋　**32.** mail bag

[1–4]
A. Where are you going?
B. To the post office.

[5–10]
A. How do you want to send it?

[11–17]
A. Next!
B. I'd like a _____, please.

[19–22]
A. Do you want me to mail this letter for you?
B. Yes, thanks.
A. Oops! You forgot the _____!

What time does your letter carrier deliver your mail? Does he/she drive a mail truck or carry a mail bag and walk?

Describe the post office you use:
How many postal windows are there?
Is there a stamp machine?
Are the postal workers friendly?

Tell about the postal system in your country.

図書館員/司書	1. librarian	参考図書案内員	11. reference librarian	新聞	22. newspaper

図書館員/司書　　**1.** librarian
貸出カウンター　　**2.** checkout desk
図書館補助員　　　**3.** library assistant
マイクロフィルム　**4.** microfilm
マイクロフィッシュ **5.** microfiche
カード目録　　　　**6.** card catalog
オンライン目録　　**7.** online catalog
書棚　　　　　　　**8.** shelves
案内カウンター　　**9.** information desk
コピー機　　　　　**10.** copier/(photo) copy machine

参考図書案内員　　**11.** reference librarian
参考図書室　　　　**12.** reference section
地図帳　　　　　　**13.** atlas
百科事典　　　　　**14.** encyclopedia
辞書　　　　　　　**15.** dictionary
視聴覚コーナー　　**16.** media section
ビデオ　　　　　　**17.** videotape
レコード　　　　　**18.** record
テープ　　　　　　**19.** tape
コンピューターディスク **20.** computer diskette
定期刊行物コーナー **21.** periodicals section

新聞　　　　　　　**22.** newspaper
雑誌　　　　　　　**23.** magazine
定期刊行物/専門雑誌 **24.** journal
検索カード　　　　**25.** call card
分類番号　　　　　**26.** call number
著者名　　　　　　**27.** author
書名　　　　　　　**28.** title
事項　　　　　　　**29.** subject
貸出カード　　　　**30.** library card

[1–11]
A. Excuse me. Where's/ Where are the _____?
B. Over there, at/near/next to the _____.

[12–24]
A. Excuse me. Where can I find (a/an) [13–15, 17–20, 22–24] ?
B. Look in the [12, 16, 21] over there.

[27–29]
A. May I help you?
B. Yes, please. I'm having trouble finding a book.
A. Do you know the _____?
B. Yes. …………

Do you go to a library? Which one? What does this library have? Describe how you use the library.

事務室	**1.** office	教職員室	**10.** teachers' lounge	保健婦/養護の先生	**19.** (school) nurse
保健室	**2.** nurse's office	体育館	**11.** gym/gymnasium	学生指導員	**20.** guidance counselor
学生指導室	**3.** guidance office	更衣室	**12.** locker room	学食監視員	**21.** lunchroom monitor
食堂	**4.** cafeteria	講堂	**13.** auditorium	食堂従業員	**22.** cafeteria worker
校長室	**5.** principal's office	グラウンド	**14.** field	自動車運転教習指導員	**23.** driver's ed instructor
教室	**6.** classroom	（屋外）観覧席	**15.** bleachers	教師	**24.** teacher
ロッカー	**7.** locker	競技用トラック	**16.** track	コーチ	**25.** coach
語学実習室	**8.** language lab	校長	**17.** principal	用務員	**26.** custodian
化学実験室	**9.** chemistry lab	教頭	**18.** assistant principal		

[1–16] A. Where are you going?
    B. I'm going to the _____.*
    A. Do you have a hall pass?
    B. Yes. Here it is.
    With 6 and 7, use: I'm going to my _____.

[17–26] A. Who's that?
    B. That's the new

Describe the school where you study English.
Tell about the rooms, offices, and people.

Tell about differences between schools in the United States
and in your country.

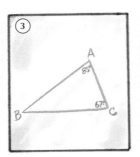

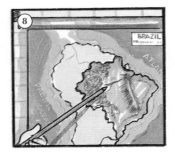
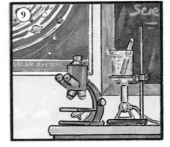

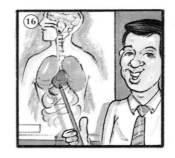

数学	**1.** math/mathematics	科学	**9.** science	工芸	**17.** industrial arts/shop
代数	**2.** algebra	生物	**10.** biology	自動車運転教習	**18.** driver's education/ driver's ed
幾何	**3.** geometry	化学	**11.** chemistry		
三角法	**4.** trigonometry	物理	**12.** physics	タイプ	**19.** typing
微分・積分（計算法）	**5.** calculus	スペイン語	**13.** Spanish	美術	**20.** art
英語	**6.** English	フランス語	**14.** French	音楽	**21.** music
歴史	**7.** history	家庭科	**15.** home economics		
地理	**8.** geography	保健	**16.** health		

バンド/楽隊	**22.** band	演劇	**25.** drama	卒業記念アルバム	**28.** yearbook
オーケストラ	**23.** orchestra	（アメリカン）	**26.** football	文芸誌	**29.** literary magazine
合唱団	**24.** choir/chorus	フットボール		生徒会	**30.** student government
		校内新聞	**27.** school newspaper		

[1–21]
A. What do you have next period?
B. _____. How about you?
A. _____.
B. There's the bell. I've got to go.

[22–30]
A. Are you going home right after school?
B. { No. I have _[22–26]_ practice.
    { No. I have a _[27–30]_ meeting.

What is/was your favorite subject? Why? What extracurricular activities do/did you participate in?

A. What do you do?
B. I'm an **accountant**. How about you?
A. I'm a **carpenter**.

会計士	**1.** accountant	組立工	**6.** assembler	バス運転手	**11.** bus driver
俳優/男優	**2.** actor	パン屋	**7.** baker	肉屋	**12.** butcher
女優	**3.** actress	床屋	**8.** barber	大工	**13.** carpenter
建築家	**4.** architect	簿記係	**9.** bookkeeper	レジ係	**14.** cashier
画家	**5.** artist	石工	**10.** bricklayer/mason	コック	**15.** chef/cook

コンピュータープログラマー	**16.** computer programmer	配達員	**21.** delivery person	作業長	**26.** foreman
建設作業員	**17.** construction worker	電気工	**22.** electrician	庭師	**27.** gardener
（国際）宅配便/メッセンジャー配達便	**18.** courier/messenger	農夫	**23.** farmer	美容師	**28.** hairdresser
用務員	**19.** custodian/janitor	消防士	**24.** firefighter	家政婦	**29.** housekeeper
データ処理員	**20.** data processor	漁師	**25.** fisherman	記者	**30.** journalist/reporter

[At a job interview]
A. Are you an experienced _____?
B. Yes. I'm a very experienced
   _____.

A. How long have you been
   a/an _____?
B. I've been a/an _____
   for .... months/years.

Which of these occupations do you
think are the most interesting? the
most difficult? Why?

A. What's your occupation?
B. I'm a **lawyer**.
A. A **lawyer**?
B. Yes. That's right.

弁護士 **1.** lawyer	薬剤師 **6.** pharmacist	不動産業者 **11.** real estate agent
機械整備工 **2.** mechanic	写真家 **7.** photographer	受付係 **12.** receptionist
モデル **3.** model	パイロット **8.** pilot	修繕屋 **13.** repairperson
ニュースキャスター **4.** newscaster	配管工 **9.** plumber	販売員 **14.** salesperson
ペンキ屋 **5.** painter	警官 **10.** police officer	清掃課員 **15.** sanitation worker

科学者	**16.** scientist	仕立屋	**21.** tailor	トラック運転手	**26.** truck driver
裁縫師（お針子）	**17.** seamstress	タクシー運転手	**22.** taxi driver	ウエイター	**27.** waiter
秘書	**18.** secretary	教師	**23.** teacher	ウエイトレス	**28.** waitress
警備員	**19.** security guard	翻訳者/通訳者	**24.** translator/interpreter	溶接工	**29.** welder
倉庫係	**20.** stock clerk	旅行代理業者	**25.** travel agent	獣医	**30.** veterinarian

A. Are you still a _____?
B. No. I'm a _____.
A. Oh. That's interesting.

A. What kind of job would you like in the future?
B. I'd like to be a _____.

Do you work? What's your occupation?
What are the occupations of people in your family?

A. Can you **act**?
B. Yes, I can.

演技する	**1.**	act
部品を組み立てる	**2.**	assemble *components*
焼く	**3.**	bake
ものを組み立てる/	**4.**	build *things*
ものを建造する		construct *things*

掃除する	**5.**	clean
料理する	**6.**	cook
ピザを配達する	**7.**	deliver *pizzas*
建物を設計する	**8.**	design *buildings*
絵をかく	**9.**	draw

トラックを運転する	**10.**	drive *a truck*
ファイルする	**11.**	file
飛行機を操縦する	**12.**	fly *an airplane*
野菜を育てる	**13.**	grow *vegetables*
ビルを警備する	**14.**	guard *buildings*

芝を刈る	**15.** mow *lawns*	車を販売する	**20.** sell *cars*	訳す	**25.** translate
装置を操作する	**16.** operate *equipment*	食事を給仕する	**21.** serve *food*	タイプを打つ	**26.** type
ペンキを塗る	**17.** paint	縫う	**22.** sew	食器を洗う	**27.** wash *dishes*
ピアノを弾く	**18.** play the *piano*	歌う	**23.** sing	文章を書く	**28.** write
修繕する	**19.** repair *things* / fix *things*	教える	**24.** teach		

A. What do you do for a living?
B. I _____.

A. Do you know how to _____?
B. Yes. I've been _____ing for years.

Tell about your work abilities.
What can you do?

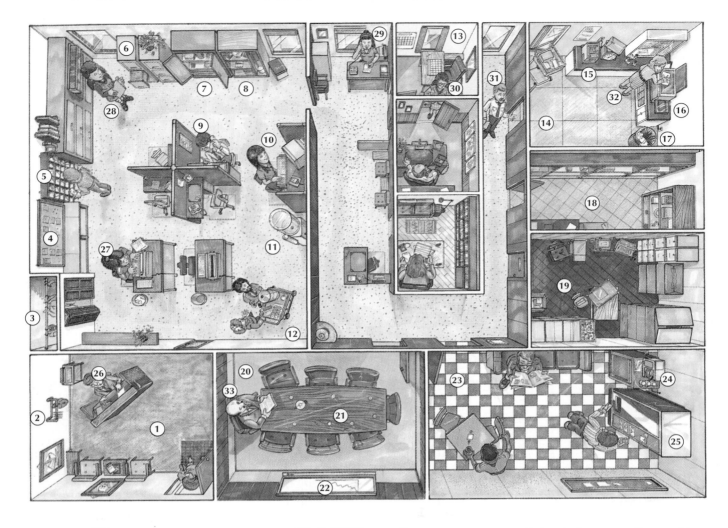

受付	**1.** reception area	オフィス（執務室）	**13.** office	コーヒーメーカー	**24.** coffee machine
コート掛け	**2.** coat rack	メールルーム	**14.** mailroom	清涼飲料水	**25.** soda machine
クローゼット	**3.** coat closet	郵便料金メーター	**15.** postage machine/ postage meter	自動販売機	
連絡板	**4.** message board			受付係	**26.** receptionist
郵便箱	**5.** mailbox	コピー機	**16.** copier/(photo) copy machine	タイピスト	**27.** typist
書類キャビネット	**6.** file cabinet			書類整理係	**28.** file clerk
事務用品入れ	**7.** supply cabinet	くず入れ	**17.** waste receptacle	秘書	**29.** secretary
保管品戸棚	**8.** storage cabinet	備品置場	**18.** supply room	総務アシスタント	**30.** administrative assistant
ワークステーション/ 仕事場	**9.** workstation	倉庫	**19.** storage room	総務課長	**31.** office manager
コンピューター作業場	**10.** computer workstation	会議室	**20.** conference room	事務アシスタント	**32.** office assistant
冷水器/ ウォータークーラー	**11.** water cooler	会議用テーブル	**21.** conference table	雇用主/社長	**33.** employer/boss
		ホワイトボード	**22.** whiteboard/dry erase board		
コーヒーワゴン	**12.** coffee cart	休憩室	**23.** employee lounge		

[1–25] A. Where's ....?
B { He's/She's in the/his/her _____.*
     He's/She's at the/his/her _____.†

*1, 13, 14, 18–20, 23   †2–12, 15–17, 21, 22, 24, 25

[26–33] A. Who's he/she?
B. He's/She's the new _____.

Describe an office you are familiar with. Tell about the rooms, the work areas, and the employees.

A. Do you know how to work this **computer**?
B. No, I don't.
A. Let me show you how.

コンピューター	**1.** computer	電卓	**8.** calculator	ファクシミリ	**15.** fax machine
ビデオ端末	**2.** VDT/video display terminal	計算器	**9.** adding machine	鉛筆削り	**16.** pencil sharpener
ドットプリンター	**3.** (dot-matrix) printer	小型録音機	**10.** microcassette recorder/dicta-phone	電気鉛筆削り	**17.** electric pencil sharpener
高品質プリンター	**4.** (letter-quality) printer	電話機	**11.** telephone	紙断裁機/押し切り	**18.** paper cutter
レーザープリンター	**5.** (laser) printer	ヘッドホン	**12.** headset	プラスティックリング製本機	**19.** plastic binding machine
ワープロ	**6.** word processor	システムホーン	**13.** phone system	郵便ばかり	**20.** postal scale
タイプライター	**7.** typewriter	テレックス	**14.** telex machine	シュレッダー（書類断裁機）	**21.** paper shredder

A. I think this _____ is broken!
B. I'll take a look at it.

A. Have you seen the new _____?
B. No, I haven't.
A. It's much better than the old one!

Do you know how to operate a computer? a fax machine? Give step-by-step instructions for using some type of office equipment.

机	**1.**	desk	事務用いす	**12.**	posture chair/ clerical chair	出勤簿	**24.** timesheet
回転いす	**2.**	swivel chair	カレンダー	**13.**	wall calendar	給料支払い小切手	**25.** paycheck
ローロデックス	**3.**	rolodex	計画表	**14.**	wall planner	ペーパーナイフ	**26.** letter opener
（回転式インデックスファイル）			書類キャビネット	**15.**	file cabinet	はさみ	**27.** scissors
鉛筆立て	**4.**	pencil cup	ホッチキス	**16.**	stapler	パンチ	**28.** punch
レタートレー	**5.**	letter tray/ stacking tray	針はずし	**17.**	staple remover	三穴パンチ	**29.** 3-hole punch
			（リムーバー）			スタンプ台	**30.** stamp pad/ink pad
メモホルダー	**6.**	memo holder	セロテープ台	**18.**	tape dispenser	ゴム印	**31.** rubber stamp
卓上カレンダー	**7.**	desk calender	クリップ入れ	**19.**	paper clip dispenser	ペン	**32.** pen
卓上スタンド	**8.**	desk lamp				鉛筆	**33.** pencil
名札	**9.**	nameplate	名刺	**20.**	business cards	シャープペンシル	**34.** mechanical pencil
デスクマット	**10.**	desk pad	クリップボード	**21.**	clipboard	蛍光ペン/	**35.** highlighter (pen)
くず入れ	**11.**	wastebasket	手帳	**22.**	appointment book	ラインマーカー	
			システム手帳	**23.**	organizer/personal planner	消しゴム	**36.** eraser

[1–15]

A. Welcome to the company.
B. Thank you.
A. How do you like your _____?
B. It's/They're very nice.

[16–36]

A. My desk is such a mess! I can't find my _____!
B. Here it is/Here they are next to your _____.

Which items on this page do you have? Do you have an appointment book, personal planner, or calendar? How do you remember important things such as appointments, meetings, and birthdays?

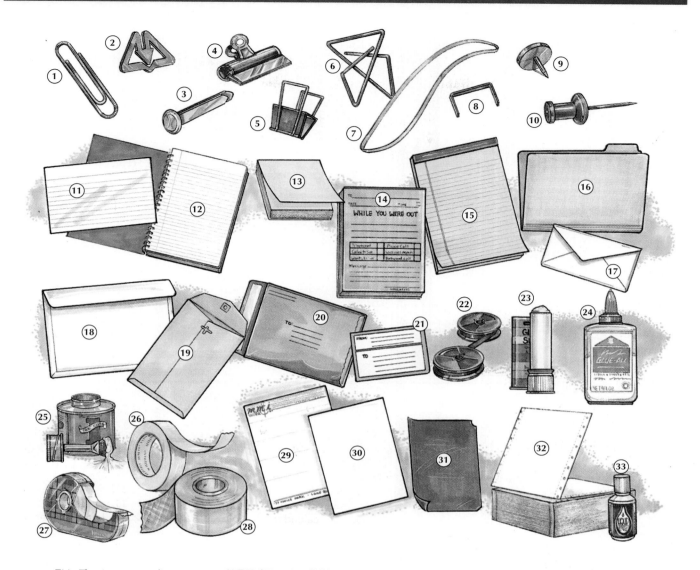

クリップ	**1.** paper clip	（商標名）ポスト・イット/符箋紙	**13.** Post-It note pad	接着剤 **24.** glue
プラスチッククリップ	**2.** plastic clip	伝言用紙	**14.** message pad	ゴムのり **25.** rubber cement
割びょう	**3.** paper fastener	リーガルパッド	**15.** legal pad	マスキングテープ **26.** masking tape
目玉クリップ	**4.** bulldog clip	（8.5×14インチの用紙）		セロテープ **27.** Scotch tape/
ダブルクリップ	**5.** binder clip	フォルダー	**16.** file folder/	cellophane tape
留め金	**6.** clamp		manila folder	ガムテープ **28.** sealing tape/
輪ゴム	**7.** rubber band	封筒	**17.** envelope	package mailing
ホッチキス針	**8.** staple	大型封筒	**18.** catalog envelope	tape
画びょう	**9.** thumbtack	留め金付封筒	**19.** clasp envelope	便せん **29.** stationery
画びょう/ピン	**10.** pushpin	郵便封筒	**20.** mailer	タイプ用紙 **30.** typing paper
索引カード	**11.** index card	宛名（用）ラベル	**21.** mailing label	カーボン紙 **31.** carbon paper
メモ用紙	**12.** memo pad/	タイプライターリボン	**22.** typewriter ribbon	コンピューター用紙 **32.** computer paper
	note pad	スティックのり	**23.** gluestick	修正液 **33.** correction fluid

A. { We've run out of ___[1–23]___ s.
{ We've run out of ___[24–33]___ .

B. I'll get some more from the supply room.

A. Could I borrow a/an/some ___[1–33]___ ?

B. Sure. Here you are.

Which supplies do you use? What do you use them for? Where do you buy them?

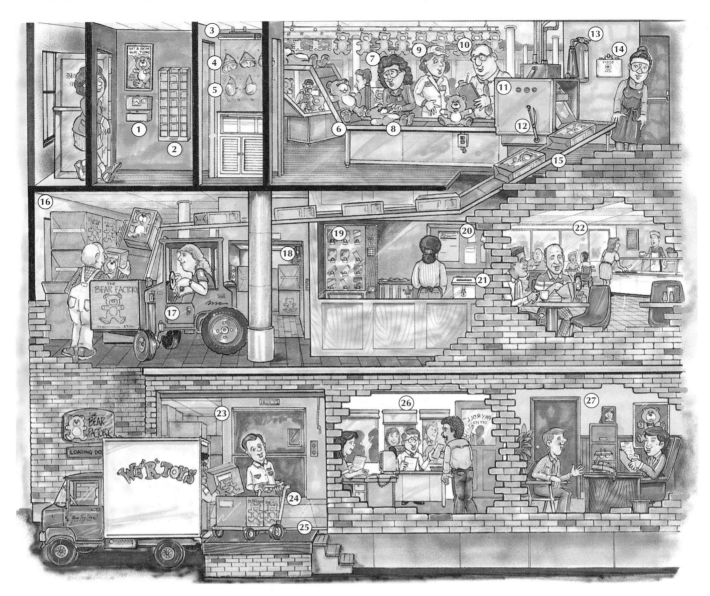

タイムレコーダー	**1.** time clock	作業長	**10.** foreman	組合掲示板	**20.** union notice
タイムカード	**2.** time cards	機械	**11.** machine	投書箱	**21.** suggestion box
備品置き場	**3.** supply room	レバー（てこ）	**12.** lever	食堂	**22.** cafeteria
安全めがね	**4.** safety glasses	消火器	**13.** fire extinguisher	発送部	**23.** shipping department
（安全）マスク	**5.** masks	救急箱	**14.** first-aid kit	台車	**24.** hand truck
組み立てライン	**6.** (assembly) line	ベルトコンベアー	**15.** conveyor belt	荷積み台	**25.** loading dock
工員	**7.** worker	倉庫	**16.** warehouse	給与課（部）	**26.** payroll office
作業場	**8.** work station	フォークリフト	**17.** forklift	人事課（部）	**27.** personnel office
品質管理監督	**9.** quality control supervisor	荷物用エレベーター	**18.** freight elevator		
		自動販売機	**19.** vending machine		

A. Excuse me. I'm a new employee.
   Where's/Where are the _____?
B. Next to/Near/In/On the _____.

A. Have you seen *Fred*?
B. Yes. He's in/on/at/next to/near
   the _____.

Are there any factories where you live? What kind?
What are the working conditions there?

What products do factories in your country produce?

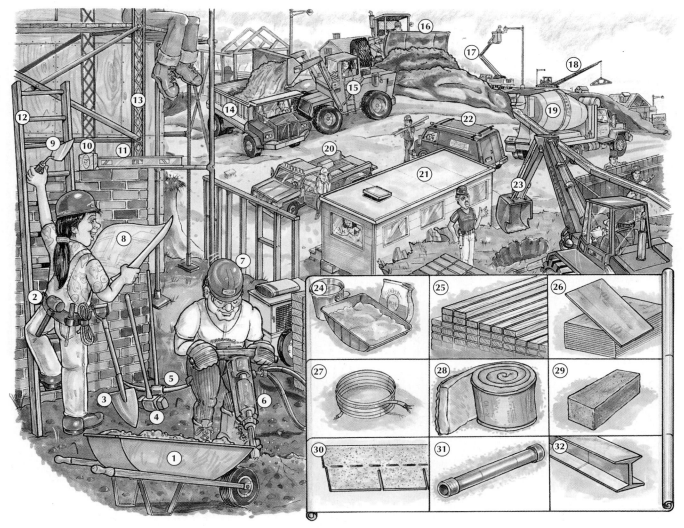

手押し車	**1.** wheelbarrow	水準器	**11.** level	ワゴン車	**22.** van
工具ベルト	**2.** toolbelt	はしご	**12.** ladder	ショベルカー	**23.** backhoe
スコップ	**3.** shovel	足場	**13.** scaffolding	セメント	**24.** cement
大ハンマー	**4.** sledgehammer	ダンプカー	**14.** dump truck	木材	**25.** wood/lumber
つるはし	**5.** pickax	シャベルローダー	**15.** front-end loader	ベニヤ板	**26.** plywood
削岩ドリル	**6.** jackhammer/ pneumatic drill	ブルドーザー	**16.** bulldozer	針金	**27.** wire
ヘルメット	**7.** helmet/hard hat	高所作業用クレーン	**17.** cherry picker	絶縁材	**28.** insulation
青写真	**8.** blueprints	クレーン車	**18.** crane	れんが	**29.** brick
こて	**9.** trowel	コンクリートミキサー車	**19.** cement mixer	こけら板	**30.** shingle
巻き尺	**10.** tape measure	小型トラック	**20.** pickup truck	導管	**31.** pipe
		トレーラー	**21.** trailer	梁	**32.** girder/beam

[1–12]
A. Could you get me that/those _____?
B. Sure.

[13–23]
A. Watch out for that _____!
B. Oh! Thanks for the warning!

[24–32]
A. Are we going to have enough [24–28] / [29–32] s to finish the job?
B. I think so.

What building materials is your home made of?　　Tell about a construction site near your home or school.

ヘッドライト	1. headlight	トランク	16. trunk	エアーフィルター	32. air filter
バンパー	2. bumper	テールランプ	17. taillight	バッテリー	33. battery
方向指示灯/ウインカー	3. turn signal	ブレーキランプ	18. brake light	オイルレベルゲージ	34. dipstick
駐車灯	4. parking light	バックライト	19. backup light	発電機	35. alternator
タイヤ	5. tire	ナンバープレート	20. license plate	ラジエーター	36. radiator
ホイールキャップ	6. hubcap	排気管	21. tailpipe	ファンベルト	37. fan belt
ボンネット	7. hood	マフラー	22. muffler	ラジエーターホース	38. radiator hose
フロントガラス	8. windshield	トランスミッション(変速機)	23. transmission	ガソリンスタンド	39. gas station/
ワイパー	9. windshield wipers	ガソリンタンク	24. gas tank		service station
サイドミラー	10. side mirror	ジャッキ	25. jack	空気ポンプ	40. air pump
アンテナ	11. antenna	スペアタイヤ	26. spare tire	整備場	41. service bay
サンルーフ	12. sunroof	照明筒	27. flare	整備工	42. mechanic
キャリア	13. luggage rack/	(バッテリー充電用)ブースターケーブル	28. jumper cables	店員	43. attendant
	luggage carrier	エンジン	29. engine	ガソリンポンプ	44. gas pump
リヤガラス	14. rear windshield	点火プラグ	30. spark plugs	ノズル	45. nozzle
(後部ガラス用)デフロスター	15. rear defroster	キャブレター	31. carburetor		

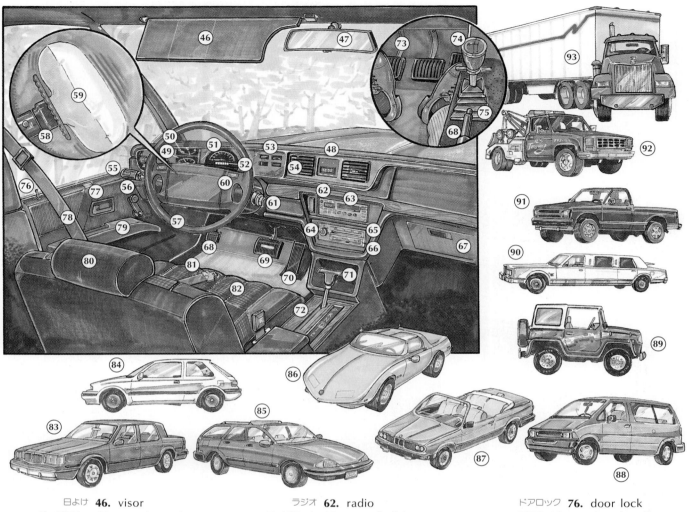

日よけ	46.	visor
バックミラー	47.	rearview mirror
ダッシュボード/	48.	dashboard/
計器パネル		instrument panel
ガソリンメーター	49.	gas gauge/
		fuel gauge
水温計	50.	temperature gauge
スピードメーター	51.	speedometer
オドメーター（走行距離計）	52.	odometer
警告灯	53.	warning lights
通気孔	54.	vent
ウインカーレバー	55.	turn signal
クルーズコントロール	56.	cruise control
ハンドル	57.	steering wheel
ハンドルシャフト	58.	steering column
エアバッグ	59.	air bag
クラクション	60.	horn
イグニッション（点火スイッチ）	61.	ignition

ラジオ	62.	radio
テープデッキ	63.	tape deck/
		cassette player
エアコン	64.	air conditioning
ヒーター	65.	heater
デフロスター	66.	defroster
小物入れ	67.	glove
		compartment
サイドブレーキ	68.	emergency brake
ブレーキペダル	69.	brake
アクセルペダル	70.	accelerator/gas pedal
セレクトレバー	71.	gearshift
自動変速機（オートマチックトランスミッション）	72.	automatic transmission
クラッチペダル	73.	clutch
シフトレバー	74.	stickshift
手動変速機（マニュアルトランスミッション）	75.	manual transmission

ドアロック	76.	door lock
ドア取っ手	77.	door handle
肩ベルト	78.	shoulder harness
ひじ掛け	79.	armrest
ヘッドレスト（安全枕）	80.	headrest
シートベルト	81.	seatbelt
座席（シート）	82.	seat
セダン（普通乗用車）	83.	sedan
ハッチバック	84.	hatchback
ライトバン	85.	station wagon
スポーツカー	86.	sports car
コンバーチブル	87.	convertible
ミニワゴン車	88.	minivan
ジープ	89.	jeep
リムジン	90.	limousine
小型トラック	91.	pick-up truck
レッカー車	92.	tow truck
トラック	93.	truck

[1, 3, 8–15, 23, 34–38, 46–82]
A. What's the matter with your car?
B. The _____(s) is/are broken.

[1, 4–6, 9–11, 30–33, 37, 38]
A. Can I help you?
B. Yes. I need to replace a/the _____(s).

[1, 2, 4–8, 10–14, 16–20]
A. I was just in a car accident!
B. Oh, no! Were you hurt?
A. No. But my _____(s) was/were damaged.

トンネル	**1.** tunnel	追越車線	**14.** left lane	一方通行道路	**27.** one-way street

トンネル	**1.** tunnel	追越車線	**14.** left lane	一方通行道路	**27.** one-way street
橋	**2.** bridge	走行車線	**15.** middle lane/	車道中央線	**28.** double yellow line
料金所	**3.** tollbooth		center lane	横断歩道	**29.** crosswalk
釣銭不要車両用車線	**4.** exact change lane	減速車線	**16.** right lane	交差点	**30.** intersection
案内標識	**5.** route sign	路側帯	**17.** shoulder	通学用横断歩道	**31.** school crossing
幹線道路/高速道路	**6.** highway	車両通行帯境界線	**18.** broken line	曲がり角	**32.** corner
道路	**7.** road	車両通行帯最外側線	**19.** solid line	交通信号/信号機	**33.** traffic light/
中央分離壁	**8.** divider/barrier	速度制限標識	**20.** speed limit sign		traffic signal
高架路	**9.** overpass	（高速道路）出口	**21.** exit (ramp)	左折禁止標識	**34.** no left turn sign
ガード下路	**10.** underpass	出口案内標識	**22.** exit sign	右折禁止標識	**35.** no right turn sign
高速道路入口	**11.** entrance ramp/	徐行標識	**23.** yield sign	ユーターン禁止標識	**36.** no U-turn sign
	on ramp	サービスエリア	**24.** service area	車両侵入禁止標識	**37.** do not enter sign
州間道路（高速道路）	**12.** interstate (highway)	踏切	**25.** railroad crossing	一時停止標識	**38.** stop sign
中央分離帯	**13.** median	街路	**26.** street		

A. Where's the accident?
B. It's on/in/at/near the _____.

Describe a highway you travel on.
Describe an intersection near where you live.

In your area, on which highways and streets do most
accidents occur? Why are these places dangerous?

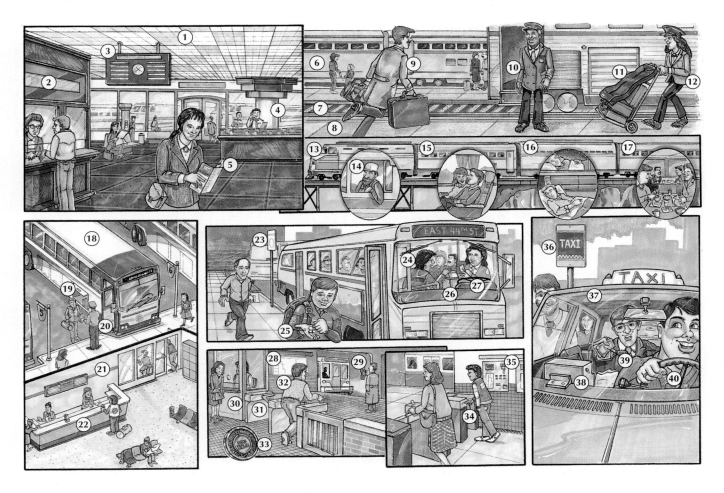

列車	**A. train**	
駅	**1.** train station	
切符売り場	**2.** ticket window	
（列車）発着案内板	**3.** arrival and departure board	
鉄道案内所	**4.** information booth	
時刻表	**5.** schedule/timetable	
列車	**6.** train	
線路	**7.** track	
プラットホーム	**8.** platform	
乗客	**9.** passenger	
車掌	**10.** conductor	
荷物	**11.** luggage/baggage	
ポーター／赤帽	**12.** porter/redcap	
エンジン	**13.** engine	
機関士	**14.** engineer	
客車	**15.** passenger car	

寝台車	**16.** sleeper	
食堂車	**17.** dining car	
バス	**B. bus**	
バス	**18.** bus	
荷物室	**19.** luggage compartment/ baggage compartment	
バス運転手	**20.** bus driver	
バス発着所	**21.** bus station	
乗車券売場	**22.** ticket counter	
市内バス	**C. local bus**	
バス停	**23.** bus stop	
乗客	**24.** rider/passenger	
運賃	**25.** (bus) fare	
運賃箱	**26.** fare box	
乗り換え切符	**27.** transfer	

地下鉄	**D. subway**	
地下鉄駅	**28.** subway station	
地下鉄	**29.** subway	
コイン売場	**30.** token booth	
回転式改札口	**31.** turnstile	
通勤客	**32.** commuter	
トークン（地下鉄の切符に当たるコイン）	**33.** (subway) token	
フェアカード（乗車カード）	**34.** fare card	
フェアカード販売機	**35.** fare card machine	
タクシー	**E. taxi**	
タクシー乗り場	**36.** taxi stand	
タクシー	**37.** taxi/cab/taxicab	
料金メーター	**38.** meter	
料金	**39.** fare	
タクシー運転手	**40.** cab driver/ taxi driver	

[A–E]
A. How are you going to get there?
B. { I'm going to take the __[A–D]__ .
{ I'm going to take a __[E]__ .

[1–8, 10–23, 26, 28–31, 35, 36]
A. Excuse me. Where's the _____?
B. Over there.

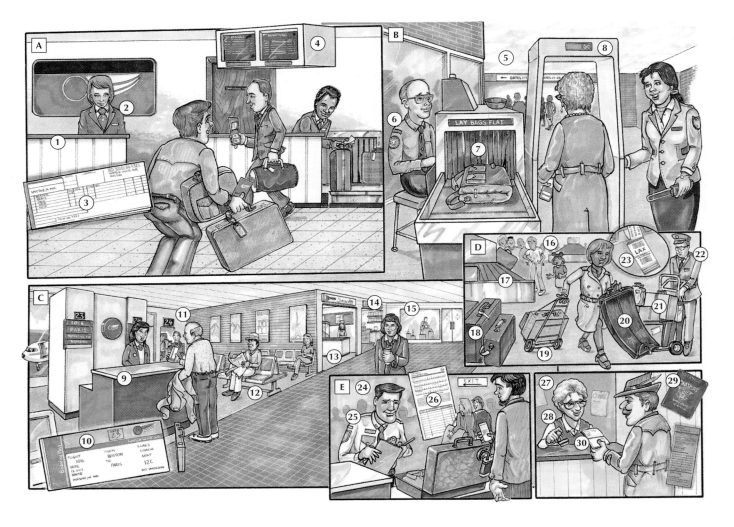

搭乗手続き	**A. Check-In**
発券カウンター	**1.** ticket counter
航空券取扱人	**2.** ticket agent
航空券	**3.** ticket
発着便案内表示	**4.** arrival and departure monitor
手荷物検査	**B. Security**
手荷物検査所	**5.** security checkpoint
検査官	**6.** security guard
Ｘ線探知機	**7.** X-ray machine
金属探知機	**8.** metal detector

搭乗口	**C. The Gate**
搭乗カウンター	**9.** check-in counter
搭乗券	**10.** boarding pass
搭乗口（ゲート）	**11.** gate
待合室	**12.** waiting area
軽食堂	**13.** concession stand/ snack bar
売店	**14.** gift shop
免税品店	**15.** duty-free shop
手荷物受取所	**D. Baggage Claim**
手荷物受取所	**16.** baggage claim (area)
回転式荷物受取台	**17.** baggage carousel
スーツケース	**18.** suitcase
カート	**19.** luggage carrier

（スーツ携帯用）	**20.** garment bag
折りたたみバッグ	
手荷物	**21.** baggage
ポーター（手荷物取扱い係）	**22.** porter/skycap
手荷物預り証	**23.** (baggage) claim check
税関と入国審査	**E. Customs and Immigration**
税関	**24.** customs
税官吏	**25.** customs officer
税関申告書	**26.** customs declaration form
入国審査所	**27.** immigration
入国審査官	**28.** immigration officer
パスポート	**29.** passport
ビザ（査証）	**30.** visa

[1, 2, 4–9, 11–17, 24, 25, 27, 28]

A. Excuse me. Where's the _____?*

B. Right over there.

*With 24 and 27, use: Excuse me. Where's _____?

[3, 10, 18–21, 23, 26, 29, 30]

A. Oh, no! I think I've lost my _____!

B. I'll help you look for it.

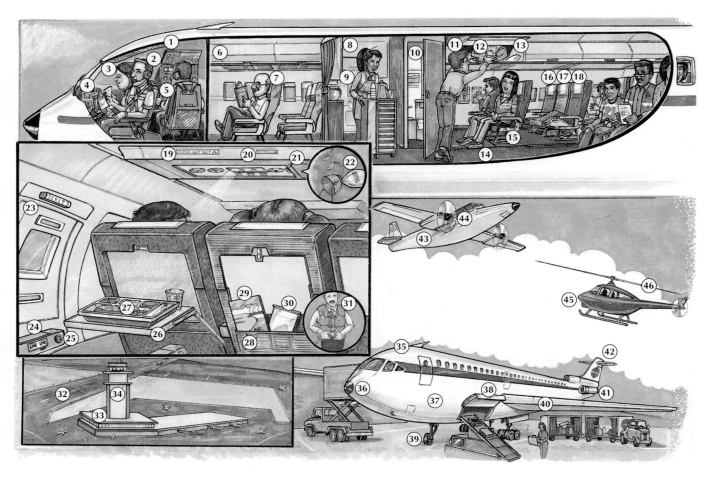

操縦室	**1.** cockpit	中央座席	**17.** middle seat	滑走路	**32.** runway
機長	**2.** pilot/captain	通路側座席	**18.** aisle seat	空港ターミナル	**33.** terminal (building)
副操縦士	**3.** co-pilot	シートベルト着用ランプ	**19.** Fasten Seat Belt sign	管制塔	**34.** control tower
計器パネル	**4.** instrument panel	禁煙ランプ	**20.** No Smoking sign	飛行機（ジェット機）	**35.** airplane/plane/jet
航空機関士	**5.** flight engineer	呼出しボタン	**21.** call button	機首	**36.** nose
ファーストクラス客室	**6.** first-class section	酸素マスク	**22.** oxygen mask	機体	**37.** fuselage
乗客	**7.** passenger	非常口	**23.** emergency exit	貨物搬入口	**38.** cargo door
調理室	**8.** galley	ひじ掛け	**24.** armrest	車輪	**39.** landing gear
乗務員	**9.** flight attendant	リクライニングレバー	**25.** seat control	主翼	**40.** wing
トイレ	**10.** lavatory/bathroom	テーブル	**26.** tray (table)	エンジン	**41.** engine
客室	**11.** cabin	食事	**27.** meal	尾部	**42.** tail
機内持ち込み手荷物	**12.** carry-on bag	小物入れ	**28.** seat pocket	プロペラ機	**43.** propeller plane/prop
荷物棚	**13.** overhead compartment	非常時手引き書	**29.** emergency instruction card	プロペラ	**44.** propeller
通路	**14.** aisle	汚物処理袋	**30.** air sickness bag	ヘリコプター	**45.** helicopter
シートベルト	**15.** seat belt	救命胴衣	**31.** life vest	回転翼	**46.** rotor (blade)
窓側座席	**16.** window seat				

A. Where's the _____?
B. In/On/Next to/Behind/In front of/Above/ Below the _____.

Ladies and gentlemen. This is your captain speaking. I'm sorry for the delay. We had a little problem with one of our _____s.* Everything is fine now and we'll be taking off shortly.

*Use 4, 7, 10, 12, 20–22, 24.

天候	**A. Weather**		ひょうの降る	**12.** sleeting		暖かい	**22.** warm
快晴の	**1.** sunny		稲妻が光る	**13.** lightning		涼しい	**23.** cool
曇った	**2.** cloudy		雷雨	**14.** thunderstorm		寒い	**24.** cold
晴れた	**3.** clear		吹雪	**15.** snowstorm		凍えそうな	**25.** freezing
もやのかかった	**4.** hazy		ハリケーン/台風	**16.** hurricane/typhoon			
霧の深い	**5.** foggy		たつ巻	**17.** tornado		季節	**C. Seasons**
風の強い	**6.** windy					夏	**26.** summer
じめじめした/むし暑い	**7.** humid/muggy		気温	**B. Temperature**		秋	**27.** fall/autumn
雨降りの	**8.** raining		温度計	**18.** thermometer		冬	**28.** winter
霧雨の降る	**9.** drizzling		華氏	**19.** Fahrenheit		春	**29.** spring
雪の降る	**10.** snowing		摂氏	**20.** Centigrade/Celsius			
あられの降る	**11.** hailing		暑い	**21.** hot			

[1–12]
A. What's the weather like?
B. It's _____.

[13–17]
A. What's the weather forecast?
B. There's going to be
   __[13]__ /a __[14–17]__ .

[19–25]
A. How's the weather?
B. It's __[21–25]__ .
A. What's the temperature?
B. It's .... degrees __[19, 20]__ .

Describe the seasons where you live.
Tell about the weather and the temperature.

What's your favorite season?
Why?

キャンプ	**A. camping**	ハイキング	**B. hiking**	ロッククライミング/岩登り	**D. rock climbing**
テント	**1.** tent	登山靴	**8.** hiking boots	ロープ	**12.** rope
リュックサック/バックパック	**2.** backpack	コンパス/羅針盤	**9.** compass	背負い革	**13.** harness
寝袋	**3.** sleeping bag	地図	**10.** trail map		
くい	**4.** tent stakes			ピクニック	**E. picnic**
おの	**5.** hatchet	登山	**C. mountain climbing**	ピクニックシート	**14.** (picnic) blanket
ランプ	**6.** lantern			魔法びん	**15.** thermos
キャンプ用携帯こんろ	**7.** camp stove	登山靴	**11.** hiking boots	ピクニックバスケット	**16.** picnic basket

[A–E]
A. Let's go _____* this weekend.
B. Good idea! We haven't gone _____* in a long time.

*With E, say: on a picnic

[1–16]
A. Did you bring the _____?
B. Yes, I did.

Have you ever gone camping or hiking?
Where? What equipment did you use?

Do you like to go on picnics? Where?
What picnic supplies and food do you take with you?

ジョギングコース	**1.** jogging path	動物園	**10.** zoo	ジャングルジム	**19.** jungle gym
トイレ	**2.** rest rooms	水飲み場	**11.** water fountain	うんてい	**20.** monkey bars
彫像	**3.** statue	野外音楽堂	**12.** band shell	すべり台	**21.** slide
ピクニック場	**4.** picnic area	乗馬道	**13.** bridle path	ブランコ	**22.** swings
ピクニック用テーブル	**5.** picnic table	駐輪場	**14.** bike rack	タイヤブランコ	**23.** tire swing
グリル	**6.** grill	池	**15.** duck pond	シーソー	**24.** seesaw
ごみ入れ	**7.** trash can	サイクリングコース	**16.** bicycle path/	水遊び場	**25.** wading pool
メリーゴーランド/	**8.** merry-go-round/		bikeway	砂場	**26.** sandbox
回転木馬	carousel	ベンチ	**17.** bench	砂	**27.** sand
噴水	**9.** fountain	遊び場	**18.** playground		

[1–18]

A. Excuse me. Does this park have
    (a) _____?

B. Yes. Right over there.

A. { Be careful on the [19–24] !
   { Be careful in the [25–27] !

B. I will, Mom/Dad.

Describe a park and a playground you are familiar with.

救助員	**1.** lifeguard	日光浴をしている人	**11.** sunbather	空気マット	**22.** raft/air mattress
看視台	**2.** lifeguard stand	砂の城	**12.** sand castle	浮き輪	**23.** tube
救命具	**3.** life preserver	貝殻	**13.** seashell/shell	レジャーシート	**24.** (beach) blanket
売店	**4.** snack bar/refresh-ment stand	ビーチパラソル	**14.** beach umbrella	日よけ帽子	**25.** sun hat
		デッキチェア	**15.** (beach) chair	サングラス	**26.** sunglasses
砂丘	**5.** sand dune	ビーチタオル	**16.** (beach) towel	日焼け止めローション	**27.** suntan lotion/sunscreen
岩場	**6.** rock	水着	**17.** bathing suit/swimsuit		
遊泳者	**7.** swimmer			バケツ	**28.** pail/bucket
波	**8.** wave	水泳帽	**18.** bathing cap	シャベル	**29.** shovel
サーファー	**9.** surfer	ビート板	**19.** kickboard	ビーチボール	**30.** beach ball
物売り	**10.** vendor	サーフボード	**20.** surfboard	アイスボックス	**31.** cooler
		たこ	**21.** kite		

[1–13]

A. What a nice beach!

B. It is. Look at all the _____s!

[14–31]

A. Are you ready for the beach?

B. Almost. I just have to get my _____.

Do you like to go to the beach? Describe your favorite beach. What do you take when you go there?

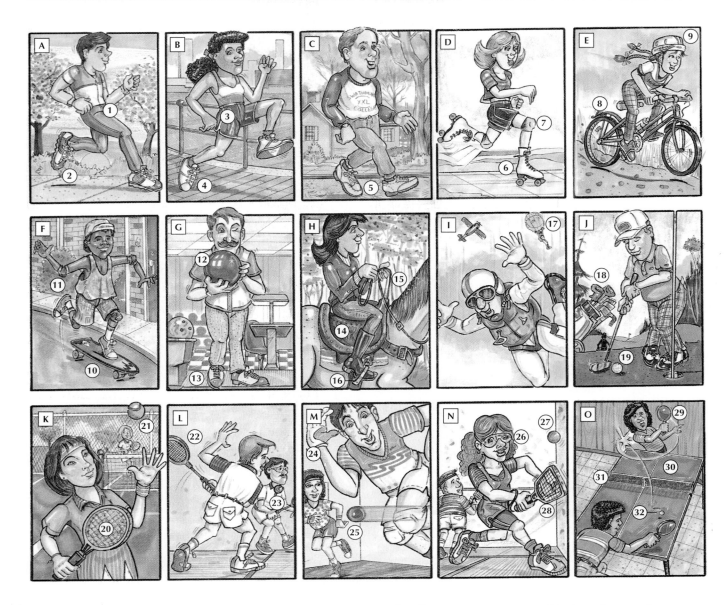

ジョギング	**A. jogging**	ボウリング	**G. bowling**
ジョギングスーツ	1. jogging suit	ボウリングボール	12. bowling ball
ジョギングシューズ	2. jogging shoes	ボウリング	13. bowling
		シューズ	shoes
ランニング	**B. running**		
ランニングパンツ	3. running shorts	乗馬	**H. horseback**
ランニングシューズ	4. running shoes		**riding**
		くら	14. saddle
ウォーキング	**C. walking**	手綱	15. reins
ウォーキングシューズ	5. walking shoes	あぶみ	16. stirrups
ローラースケート	**D. roller skating**	スカイダイビング	**I. skydiving**
ローラースケート	6. roller skates	パラシュート	17. parachute
ひざ当て	7. knee pads		
		ゴルフ	**J. golf**
サイクリング	**E. cycling/**	クラブ	18. golf clubs
	bicycling/biking	ゴルフボール	19. golf ball
自転車	8. bicycle/bike		
ヘルメット	9. (bicycle) helmet	テニス	**K. tennis**
		テニスラケット	20. tennis
スケートボード	**F. skateboarding**		racquet
スケートボード	10. skateboard	テニスボール	21. tennis ball
ひじ当て	11. elbow pads		

スカッシュ	**L. squash**
スカッシュラケット	22. squash racquet
スカッシュボール	23. squash ball
アメリカ式ハンドボール	**M. handball**
グローブ	24. handball glove
ハンドボール	25. handball
ラケットボール	**N. racquetball**
保護ゴーグル	26. safety goggles
ラケットボール	27. racquetball
ラケット	28. racquet
卓球	**O. ping pong**
ラケット	29. paddle
卓球台	30. ping pong table
ネット	31. net
卓球ボール/ピンポン玉	32. ping pong ball

| フリスビー | **P. frisbee** |
| フリスビー | **33.** frisbee |

ダーツ	**Q. darts**
ダーツボード/ダーツ盤	**34.** dartboard
ダーツ	**35.** darts

ビリヤード	**R. billiards/pool**
ビリヤード台	**36.** pool table
ビリヤードの球	**37.** billiard balls
キュー	**38.** pool stick

空手	**S. karate**
空手道衣	**39.** karate outfit
帯	**40.** karate belt

体操	**T. gymnastics**
平均台	**41.** balance beam
平行棒	**42.** parallel bars
ゆか	**43.** mat
鞍馬（跳馬）	**44.** horse
トランポリン	**45.** trampoline

ウェイトリフティング	**U. weightlifting**
バーベル	**46.** barbell
ウェイト（鉄アレー）	**47.** weights

アーチェリー	**V. archery**
弓矢	**48.** bow and arrow
標的	**49.** target

ボクシング	**W. box**
ボクシンググローブ	**50.** boxing gloves
トランクス	**51.** (boxing) trunks

レスリング	**X. wrestle**
レスリングユニフォーム	**52.** wrestling uniform
マット	**53.** (wrestling) mat

トレーニング/フィットネス	**Y. work out**
多機能エクササイズマシーン	**54.** universal/ exercise equipment
エアロバイク	**55.** exercise bike

[A–Y]
A. What do you like to do in your free time?
B.
  I like to go [A–I] .
  I like to play [J–R] .
  I like to do [S–V] .
  I like to [W–Y] .

[1–55]
A. I really like this/these new _____.
B. It's/They're very nice.

[A–F]
A. Do you like **baseball**?
B. Yes. **Baseball** is one of my favorite sports.

野球 **A. baseball**		ラクロス **D. lacrosse**	バレーボール **G. volleyball**
野球選手 **1.** baseball player		ラクロス選手 **7.** lacrosse player	バレー選手 **13.** volleyball player
球場 **2.** baseball field/ballfield		ラクロス競技場 **8.** lacrosse field	バレーコート **14.** volleyball court
ソフトボール **B. softball**		アイスホッケー **E. (ice) hockey**	サッカー **H. soccer**
ソフトボール選手 **3.** softball player		アイスホッケー選手 **9.** hockey player	サッカー選手 **15.** soccer player
球場 **4.** ballfield		アイスホッケーリンク **10.** hockey rink	サッカー場 **16.** soccer field
アメリカンフットボール **C. football**		バスケットボール **F. basketball**	
アメリカンフットボール選手 **5.** football player		バスケット選手 **11.** basketball player	
アメリカンフットボール競技場 **6.** football field		バスケットコート **12.** basketball court	

A. .... plays [A–H] very well.
B. You're right. I think he's/she's one
     of the best _____s* on the team.

Use 1, 3, 5, 7, 9, 11, 13, 15.

A. Now, listen! I want all of you
     to go out on that _____† and
     play the best game of [A–H]
     you've ever played!
B. All right, Coach!

†*Use 2, 4, 6, 8, 10, 12, 14, 16.*

Which sports on this page do you like
   to play? Which do you like to
   watch?
What are your favorite teams?
Name some famous players of these
   sports.

[1–26]
A. I can't find my **baseball**!
B. Look in the *closet*.*

*closet, basement, garage

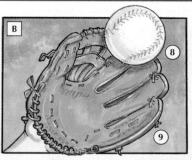

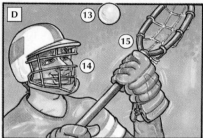

野球	**A. baseball**	アメリカンフットボール	**C. football**	バスケットボール	**F. basketball**
野球ボール	**1.** baseball	フットボール	**10.** football	バスケットボール	**21.** basketball
バット	**2.** bat	ヘルメット	**11.** football helmet	バックボード	**22.** backboard
ヘルメット	**3.** batting helmet	肩パッド	**12.** shoulder pads	ゴール	**23.** basketball hoop
野球ユニフォーム	**4.** baseball uniform				
キャッチャーマスク	**5.** catcher's mask	ラクロス	**D. lacrosse**	バレーボール	**G. volleyball**
グローブ	**6.** baseball glove	ラクロスボール	**13.** lacrosse ball	バレーボール	**24.** volleyball
キャッチャーミット	**7.** catcher's mit	ヘルメット	**14.** face guard	ネット	**25.** volleyball net
		スティック	**15.** lacrosse stick		
ソフトボール	**B. softball**			サッカー	**H. soccer**
ソフトボール	**8.** softball	アイスホッケー	**E. hockey**	サッカーボール	**26.** soccer ball
グラブ	**9.** softball glove	ホッケーパック	**16.** hockey puck	すね当て	**27.** shinguards
		ホッケースティック	**17.** hockey stick		
		フェイスマスク	**18.** hockey mask		
		ホッケーグローブ	**19.** hockey glove		
		ホッケー用スケート靴	**20.** hockey skates		

[In a store]
A. Excuse me. I'm looking for (a) [1–27].
B. All our [A–H] equipment is over there.
A. Thanks.

[At home]
A. I'm going to play [A–H] after school today.
B. Don't forget your [1–21, 24–27]!

Which sports on this page are popular in your country? Which sports are played in high school?

[A–H]
A. What's your favorite winter sport?
B. **Skiing**.

スキー	**A. (downhill) skiing**	スケート	**C. (ice) skating**	ボブスレー	**F. bobsledding**
スキー板	**1.** skis	スケート靴	**6.** (ice) skates	ボブスレー	**11.** bobsled
スキー靴	**2.** ski boots	エッジカバー	**7.** skate guards		
ビンディング	**3.** bindings			スノーモービル	**G. snowmobiling**
ストック	**4.** poles	フィギュアスケート	**D. figure skating**	スノーモービル	**12.** snowmobile
		フィギュア用スケート靴	**8.** figure skates		
クロスカントリースキー	**B. cross-country skiing**			リュージュ/トボガン	**H. tabogganing**
クロスカントリー用	**5.** cross-country skis	そりすべり	**E. sledding**	リュージュ/トボガン	**13.** taboggan
スキー板		そり	**9.** sled		
		丸ぞり	**10.** sledding dish/saucer		

[A–H]
   [At work or at school on Friday]
A. What are you going to do this
   weekend?
B. I'm going to go _____.

[1–13]
   [On the telephone]
A. Hello. Jimmy's Sporting Goods.
B. Hello. Do you sell _____(s)?
A. Yes, we do./No, we don't.

Have you ever watched the Winter
Olympics? What is your favorite
event? Which event do you think
is the most exciting? the most

[A–L]
A. Would you like to go **sailing** tomorrow?
B. Sure. I'd love to.

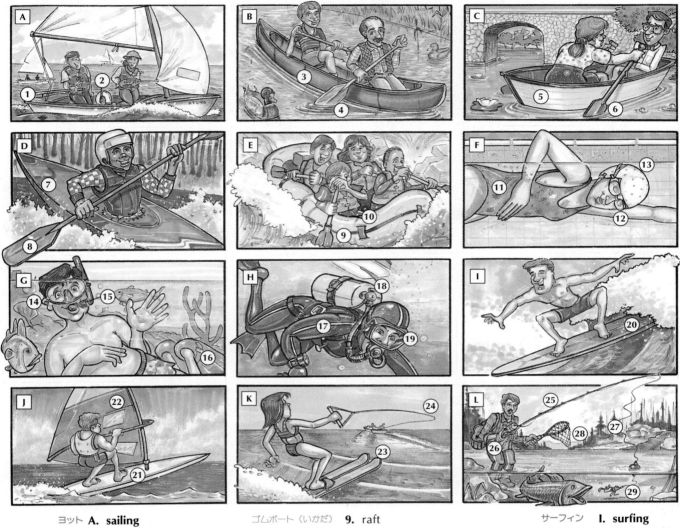

ヨット	**A. sailing**
ヨット 1.	sailboat
救命具 2.	life preserver
カヌー	**B. canoeing**
カヌー 3.	canoe
パドル 4.	paddles
ボート	**C. rowing**
手こぎボート 5.	rowboat
オール 6.	oars
カヤック	**D. kayaking**
カヤック 7.	kayak
パドル 8.	paddle
ラフティング(川下り)	**E. (white water) rafting**

ゴムボート（いかだ） 9.	raft
救命胴衣 10.	life jacket
水泳	**F. swimming**
水着 11.	swimsuit/bathing suit
ゴーグル 12.	goggles
水泳帽 13.	bathing cap
シュノーケリング	**G. snorkeling**
水中めがね 14.	mask
シュノーケル 15.	snorkel
足ひれ 16.	flippers
スキューバダイビング	**H. scuba diving**
ウエットスーツ 17.	wet suit
酸素ボンベ 18.	(air) tank
潜水マスク 19.	(diving) mask

サーフィン	**I. surfing**
サーフボード 20.	surfboard
ウインドサーフィン	**J. windsurfing**
セイルボード 21.	sailboard
帆 22.	sail
水上スキー	**K. waterskiing**
水上用スキー板 23.	water skis
引き綱 24.	towrope
釣り	**L. fishing**
釣りざお 25.	(fishing) rod
リール 26.	reel
釣り糸 27.	(fishing) line
網 28.	net
えさ 29.	bait

A. Have you ever gone [A–L] ?
B. Yes, I have./No, I haven't.

A. Do you have everything you need to go [A–L] ?
B. Yes. I have my [1–29] (and my [1–29]).
A. Have a good time.

Which sports on this page have you tried? Which sports would you like to try? Are any of these sports popular in your country? Which ones?

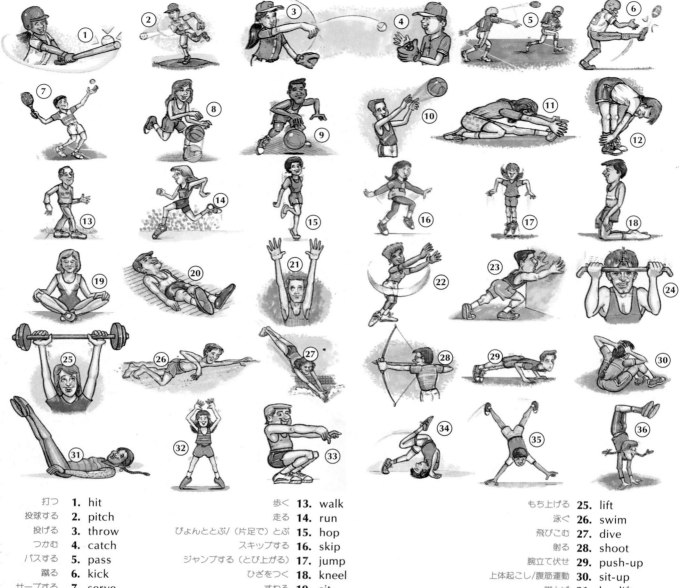

打つ	**1.** hit	歩く	**13.** walk	もち上げる	**25.** lift
投球する	**2.** pitch	走る	**14.** run	泳ぐ	**26.** swim
投げる	**3.** throw	ぴょんととぶ/（片足で）とぶ	**15.** hop	飛びこむ	**27.** dive
つかむ	**4.** catch	スキップする	**16.** skip	射る	**28.** shoot
パスする	**5.** pass	ジャンプする（とび上がる）	**17.** jump	腕立て伏せ	**29.** push-up
蹴る	**6.** kick	ひざをつく	**18.** kneel	上体起こし/腹筋運動	**30.** sit-up
サーブする	**7.** serve	すわる	**19.** sit	脚上げ	**31.** leg lift
バウンドする	**8.** bounce	横になる	**20.** lie down	ジャンピングジャック（準備体操の一種）	**32.** jumping jack
ドリブルする	**9.** dribble	腕を伸ばす	**21.** reach	ひざの屈伸	**33.** deep knee bend
シュートする	**10.** shoot	腕をふる	**22.** swing	宙返り/とんぼ返り/回転	**34.** somersault
伸ばす	**11.** stretch	押す	**23.** push	側転	**35.** cartwheel
曲げる	**12.** bend	引く	**24.** pull	逆立ち	**36.** handstand

[1–10] A. _____ the ball!
B. Okay, Coach!

[11–28] A. Now _____!
B. Like this?
A. Yes.

[29–36] A. Okay, everybody. I want
you to do twenty _____s!
B. Twenty _____s?!
A. That's right.

Do you exercise regularly?
Which exercises do you do?

Be an exercise instructor. Lead your friends in an exercise
routine using the actions on this page.

[A–Q]
A. What's your hobby?
B. **Sewing.**

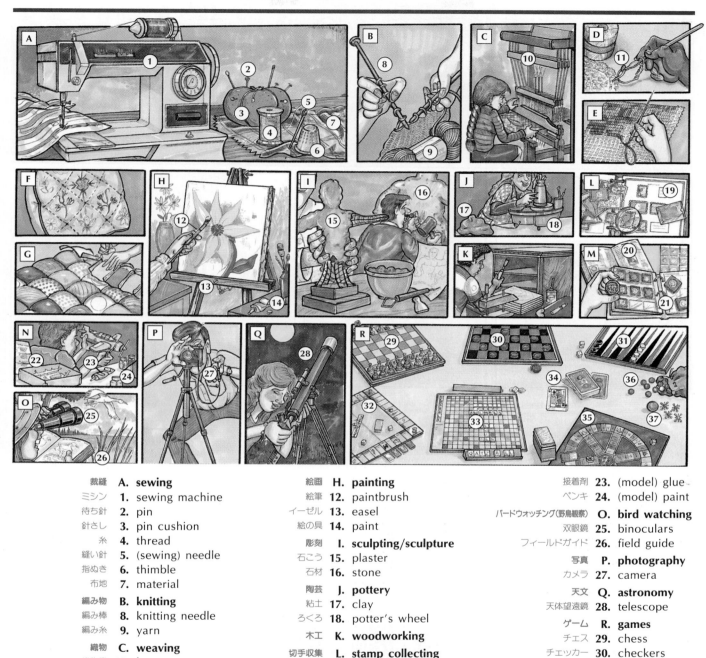

裁縫	**A. sewing**	絵画	**H. painting**
ミシン	1. sewing machine	絵筆	12. paintbrush
待ち針	2. pin	イーゼル	13. easel
針さし	3. pin cushion	絵の具	14. paint
糸	4. thread	彫刻	**I. sculpting/sculpture**
縫い針	5. (sewing) needle	石こう	15. plaster
指ぬき	6. thimble	石材	16. stone
布地	7. material	陶芸	**J. pottery**
編み物	**B. knitting**	粘土	17. clay
編み棒	8. knitting needle	ろくろ	18. potter's wheel
編み糸	9. yarn	木工	**K. woodworking**
織物	**C. weaving**	切手収集	**L. stamp collecting**
織物機	10. loom	切手アルバム	19. stamp album
かぎ針編み	**D. crocheting**	コイン収集	**M. coin collecting**
かぎ針	11. crochet hook	コインカタログ	20. coin catalog
ニードルポイントレース	**E. needlepoint**	コインアルバム	21. coin album
刺しゅう	**F. embroidery**	プラモデル	**N. model building**
キルティング	**G. quilting**	プラモデル	22. model kit

接着剤	23. (model) glue
ペンキ	24. (model) paint
バードウォッチング(野鳥観察)	**O. bird watching**
双眼鏡	25. binoculars
フィールドガイド	26. field guide
写真	**P. photography**
カメラ	27. camera
天文	**Q. astronomy**
天体望遠鏡	28. telescope
ゲーム	**R. games**
チェス	29. chess
チェッカー	30. checkers
バックギャモン	31. backgammon
モノポリー	32. Monopoly
スクラブル	33. Scrabble
トランプ	34. cards
トリビアル・パースー	35. Trivial Pursuit
おはじき	36. marbles
ジャックス	37. jacks

[1–28] [In a store]
A. May I help you?
B. Yes, please. I'd like to buy
(a/an) _____.

[29–37] [At home]
A. What do you want to do?
B. Let's play _____.

What's your hobby?
What games are popular in your
country? Describe how to play one.

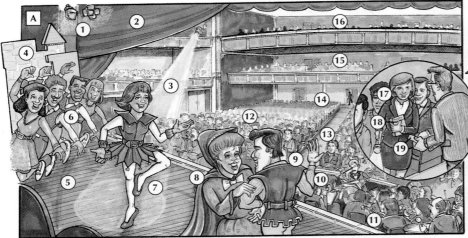

劇場	**A. theater**
照明	**1.** lights/lighting
幕	**2.** curtain
スポットライト	**3.** spotlight
背景	**4.** scenery
舞台	**5.** stage
コーラス	**6.** chorus
ダンサー	**7.** dancer
女優	**8.** actress
男優	**9.** actor
管弦楽団(オーケストラ)	**10.** orchestra
オーケストラボックス	**11.** orchestra pit
観衆	**12.** audience
通路	**13.** aisle
一階正面席	**14.** orchestra

二階正面席	**15.** mezzanine
桟敷	**16.** balcony
案内係	**17.** usher
プログラム	**18.** program
入場券	**19.** ticket
交響曲演奏会	**B. symphony**
交響楽団	**20.** symphony orchestra
演奏者	**21.** musician
指揮者	**22.** conductor
指揮棒	**23.** baton
指揮台	**24.** podium
オペラ	**C. opera**
オペラ歌手	**25.** opera singer
オペラ団	**26.** opera company

バレエ	**D. ballet**
バレエダンサー	**27.** ballet dancer
バレリーナ	**28.** ballerina
バレエ団	**29.** ballet company
バレエシューズ	**30.** ballet slippers
トウシューズ	**31.** toeshoes
映画	**E. movies**
(劇場等の出入口の)ひさし	**32.** marquee
入場券売場	**33.** box office
広告板	**34.** billboard
ロビー	**35.** lobby
売店	**36.** refreshment stand
スクリーン	**37.** (movie) screen

[A–E]
A. What are you doing this evening?
B. I'm going to the _____.

[1–11, 20–37]
A. { What a magnificent _____!
     { What magnificent _____s!
B. I agree.

[14–16]
A. Where did you sit during the performance?
B. We sat in the _____.

What kinds of entertainment on this page are popular in your country?

Tell about a play, concert, opera, ballet, or movie you have seen. Describe the performance and the theater.

音楽	**A. music**	演劇	**B. plays**	テレビ番組	**D. TV programs**
クラシック	1. classical music	ドラマ	13. drama	ドラマ	24. drama
ポピュラー	2. popular music	喜劇	14. comedy	コメディー番組	25. (situation) comedy/sitcom
カントリー	3. country music	ミュージカル	15. musical (comedy)	対談番組	26. talk show
ロック	4. rock music			クイズ・ゲーム番組	27. game show
フォーク	5. folk music	映画	**C. movies**	ニュース番組	28. news program
ラップ	6. rap music	ドラマ	16. drama	スポーツ番組	29. sports program
ゴスペル	7. gospel music	喜劇	17. comedy	子供向番組	30. children's program
ジャズ	8. jazz	西部劇	18. western	アニメ番組	31. cartoon
ブルース	9. blues	アニメーション	19. cartoon		
ブルーグラス	10. bluegrass	外国映画	20. foreign film		
ヘビーメタル	11. heavy metal	冒険映画	21. adventure movie		
レゲエ	12. reggae	戦争映画	22. war movie		
		SF映画	23. science fiction movie		

A. What kind of [A–D] do you like?
B. { I like [1–12].
     { I like [13–31] s.

What's your favorite type of music?
Who is your favorite singer? musician?
   musical group?

What kind of movies do you like?
Who are your favorite movie stars?
What are the titles of your favorite
   movies?

What kind of TV programs do you like?
What are your favorite shows?

A. Do you play a musical instrument?
B. Yes. I play the **violin**.

弦楽器	**A. Strings**	オーボエ	**14.** oboe	シンバル	**26.** cymbals
バイオリン	**1.** violin	リコーダー	**15.** recorder	シロホン/木琴	**27.** xylophone
ビオラ	**2.** viola	サクソホン	**16.** saxophone		
チェロ	**3.** cello	バスーン	**17.** bassoon	鍵盤楽器	**E. Keyboard**
コントラバス	**4.** bass				**Instruments**
ギター	**5.** (acoustic) guitar	金管楽器	**C. Brass**	ピアノ	**28.** piano
ウクレレ	**6.** ukelele	トランペット	**18.** trumpet	オルガン	**29.** organ
エレキギター	**7.** electric guitar	トロンボーン	**19.** trombone	電子ピアノ	**30.** electric piano/
バンジョー	**8.** banjo	フレンチホルン	**20.** French horn		digital piano
マンドリン	**9.** mandolin	チューバ	**21.** tuba	シンセサイザー	**31.** synthesizer
ハープ	**10.** harp				
		打楽器	**D. Percussion**	その他の楽器	**F. Other Instruments**
木管楽器	**B. Woodwinds**	太鼓	**22.** drum	アコーディオン	**32.** accordion
ピッコロ	**11.** piccolo	ケトルドラム/ティンパニ	**23.** kettle drum	ハーモニカ	**33.** harmonica
フルート	**12.** flute	ボンゴ	**24.** bongos		
クラリネット	**13.** clarinet	コンガ	**25.** conga (drum)		

A. You play the _____ very well.
B. Thank you.

A. What's that noise?
B. That's my son/daughter practicing the _____.

Do you play a musical instrument? Which one?
Name and describe other musical instruments used in your country.

木	1.	tree	カエデ	18.	maple	クチナシ	34. gardenia
葉	2.	leaf-leaves	ナラ・カシなど	19.	oak	ユリ	35. lily
小枝	3.	twig	マツ	20.	pine	パンジー	36. pansy
枝	4.	branch	アカスギ	21.	redwood	ペチュニア	37. petunia
大枝	5.	limb	ヤナギ	22.	(weeping) willow	ラン	38. orchid
幹	6.	trunk	花	23.	flower	バラ	39. rose
樹皮	7.	bark	花びら	24.	petal	ヒマワリ	40. sunflower
根	8.	root	めしべ	25.	pistula	チューリップ	41. tulip
針状葉	9.	needle	おしべ	26.	stamen	スミレ	42. violet
球果（松ぼっくりなど）	10.	cone	茎	27.	stem	低木/低木のしげみ	43. bush
ハナミズキ	11.	dogwood	つぼみ	28.	bud	低木	44. shrub
ヒイラギ	12.	holly	とげ	29.	thorn	シダ	45. fern
モクレン	13.	magnolia	球根	30.	bulb	植物	46. plant
ニレ	14.	elm	キク	31.	chrysanthemum/	サボテン	47. cactus-cacti
サクラ	15.	cherry			mum	つる植物	48. vine
ヤシ	16.	palm	ラッパスイセン	32.	daffodil	草	49. grass
カバ	17.	birch	ヒナギク	33.	daisy	ツタウルシ	50. poison ivy

[11–22]
A. What kind of tree is that?
B. I think it's a/an _____ tree.

[31–48]
A. Look at all the _____s!
B. They're beautiful!

Describe your favorite tree and your favorite flower.
What kinds of trees and flowers grow where you live?

In your country, are flowers used at weddings? at funerals?
on holidays? on visits to the hospital? Tell which flowers are
used for different occasions.

森林/森	**1.** forest/woods	がけ	**13.** cliff	酸性雨	**25.** acid rain
湖	**2.** lake	峡谷	**14.** canyon	有毒廃棄物	**26.** toxic waste
草原	**3.** meadow	川	**15.** river	放射能	**27.** radiation
山	**4.** mountain	ダム	**16.** dam	水質汚濁	**28.** water pollution
谷	**5.** valley	砂漠	**17.** desert	石油	**29.** oil
滝	**6.** waterfall	砂丘	**18.** dune	天然ガス	**30.** (natural) gas
急流	**7.** rapids	ジャングル	**19.** jungle	石炭	**31.** coal
丘	**8.** hill	海岸	**20.** seashore	風力	**32.** wind
野原	**9.** field	入り江	**21.** bay	核エネルギー/原子力	**33.** nuclear energy
小川	**10.** stream/brook	海	**22.** ocean	太陽エネルギー	**34.** solar energy
池	**11.** pond	島	**23.** island	水力発電	**35.** hydroelectric power
台地	**12.** plateau	大気汚染	**24.** air pollution		

[1–23]   A.   { Isn't this a beautiful _____?!
              { Aren't these beautiful _____?!
         B.   It's/They're magnificent.

[24–28] A.   Do you worry about the environment?
         B.   Yes. I'm very concerned about _____.

Describe some places of natural beauty in your country.

What kind of energy do you use to heat your home? to cook?
In your opinion, which kind of energy is best for producing electricity?

農家	**1.** farmhouse	コンバイン	**14.** combine	ヒヨコ	**26.** chick
野菜畑	**2.** (vegetable) garden	放牧場	**15.** pasture	七面鳥	**27.** turkey
かかし	**3.** scarecrow	果樹園	**16.** orchard	ヤギ	**28.** goat
作物	**4.** crop	果樹	**17.** fruit tree	子ヤギ	**29.** kid
かんがい装置	**5.** irrigation system	農場主	**18.** farmer	羊	**30.** sheep
納屋	**6.** barn	作男	**19.** hired hand	子羊	**31.** lamb
サイロ	**7.** silo	ニワトリ飼育場	**20.** chicken coop	雄牛	**32.** bull
家畜小屋	**8.** stable	ニワトリ小屋	**21.** hen house	乳牛	**33.** (dairy) cow
干し草	**9.** hay	さく	**22.** fence	子牛	**34.** calf-calves
三つまた	**10.** pitchfork	トラクター	**23.** tractor	馬	**35.** horse
納屋の庭	**11.** barnyard	雄鶏	**24.** rooster	豚	**36.** pig
豚飼育場	**12.** pig pen/pig sty	ニワトリ	**25.** chicken/hen	子豚	**37.** piglet
畑	**13.** field				

A. Where's the _____?
B. In/On/Next to the _____.

A. The _[24–37]_ s got loose again!
B. Oh, no! Where are they?
A. They're in the _[1, 2, 12, 13, 15, 16, 20, 21]_ !

Tell about farms in your country.
What crops and animals are common on these farms?

キツネ	**1.** fox	コウモリ	**15.** bat	キリン	**28.** giraffe
ヤマアラシ	**2.** porcupine	スカンク	**16.** skunk	バイソン/野牛	**29.** bison
針/とげ	**a.** quill	フクロネズミ	**17.** possum	ゾウ	**30.** elephant
アライグマ	**3.** raccoon	ロバ	**18.** donkey	きば	**a.** tusk
オオカミ	**4.** wolf-wolves	バッファロー	**19.** buffalo	（ゾウの）鼻	**b.** trunk
ムース（アメリカヘラジカ）	**5.** moose	ラクダ	**20.** camel	トラ	**31.** tiger
枝角	**a.** antler	こぶ	**a.** hump	足	**a.** paw
シカ	**6.** deer	ラマ	**21.** llama	ライオン	**32.** lion
ひづめ	**a.** hoof	馬	**22.** horse	たてがみ	**a.** mane
子ジカ	**7.** fawn	しっぽ	**a.** tail	カバ	**33.** hippopotamus
ハツカネズミ	**8.** mouse-mice	子馬	**23.** foal	ハイエナ	**34.** hyena
シマリス	**9.** chipmunk	ポニー	**24.** pony	サイ	**35.** rhinoceros
野ネズミ	**10.** rat	アルマジロ	**25.** armadillo	角	**a.** horn
リス	**11.** squirrel	カンガルー	**26.** kangaroo	シマウマ	**36.** zebra
ウサギ	**12.** rabbit	袋	**a.** pouch	しま	**a.** stripes
地リス	**13.** gopher	ヒョウ	**27.** leopard		
ビーバー	**14.** beaver	はん点	**a.** spots		

クロクマ	**37.** black bear	テナガザル	**44.** gibbon			ペット	**Pets**
かぎづめ	**a.** claw	ヒヒ	**45.** baboon			ネコ	**51.** cat
ハイイログマ	**38.** grizzly bear	オランウータン	**46.** orangutan			（ネコ・ネズミなどの）ひげ	**a.** whiskers
シロクマ	**39.** polar bear	ゴリラ	**47.** gorilla			子ネコ	**52.** kitten
コアラ	**40.** koala (bear)	アリクイ	**48.** anteater			犬	**53.** dog
パンダ	**41.** panda	ミミズ	**49.** worm			子犬	**54.** puppy
サル	**42.** monkey	ナメクジ	**50.** slug			ハムスター	**55.** hamster
チンパンジー	**43.** chimpanzee					アレチネズミ	**56.** gerbil
						テンジクネズミ	**57.** guinea pig
						（モルモット）	

[1–50] A. Look at that _____!
B. Wow! That's the biggest _____ I've ever seen!

[51–57] A. Do you have a pet?
B. Yes. I have a _____.
A. What's your _____'s name?
B. ....

What animals can be found where you live?
Is there a zoo near where you live? What animals does the zoo have?
What are some common pets in your country?

If you were an animal, which animal do you think you would be? Why?
Does your culture have any popular folk tales or children's stories about animals? Tell a story you are familiar with.

鳥類	**A. Birds**		ハト	**11.** pigeon	ペリカン	**26.** pelican	テントウムシ	**38.** ladybug

A. Birds

鳥類   **A. Birds**
コマドリ   **1.** robin
巣   **a.** nest
卵   **b.** egg
アオカケス   **2.** blue jay
翼   **a.** wing
尾   **b.** tail
羽   **c.** feather
コウカンチョウ   **3.** cardinal
ハチドリ   **4.** hummingbird
キジ   **5.** pheasant
カラス   **6.** crow
カモメ   **7.** seagull
スズメ   **8.** sparrow
キツツキ   **9.** woodpecker
くちばし   **a.** beak
ツバメ   **10.** swallow

ハト   **11.** pigeon
フクロウ   **12.** owl
タカ   **13.** hawk
ワシ   **14.** eagle
かぎづめ   **a.** claw
カナリア   **15.** canary
（冠毛のある）オウム   **16.** cockatoo
オウム（インコを含む）   **17.** parrot
インコ   **18.** parakeet
カモ/アヒル   **19.** duck
くちばし   **a.** bill
子ガモ/アヒルの子   **20.** duckling
ガチョウ   **21.** goose
ハクチョウ   **22.** swan
フラミンゴ   **23.** flamingo
ツル   **24.** crane
コウノトリ   **25.** stork

ペリカン   **26.** pelican
クジャク   **27.** peacock
ペンギン   **28.** penguin
ミチバシリ   **29.** roadrunner
ダチョウ   **30.** ostrich

昆虫   **B. Insects**
ハエ   **31.** fly
カ   **32.** mosquito
ノミ   **33.** flea
ホタル   **34.** firefly/ lightning bug
ガ   **35.** moth
トンボ   **36.** dragonfly
クモ   **37.** spider
クモの巣   **a.** web

テントウムシ   **38.** ladybug
スズメバチ   **39.** wasp
ダニ   **40.** tick
ハチ   **41.** bee
ハチの巣   **a.** beehive
イモムシ/毛虫   **42.** caterpillar
まゆ   **a.** cocoon
チョウ   **43.** butterfly
バッタ   **44.** grasshopper
アリ   **45.** ant
カブトムシ   **46.** beetle
シロアリ   **47.** termite
ゴキブリ   **48.** roach/cockroach
サソリ   **49.** scorpion
ムカデ   **50.** centipede
カマキリ   **51.** praying mantis
コオロギ   **52.** cricket

[1–52] A. Is that a/an _____?
      B. No. I think it's a/an _____.

[31–52] A. Hold still! There's a _____ on your shirt!
      B. Oh! Can you get it off of me?
      A. There! It's gone!

What birds and insects can be found where you live?   Does your culture have any popular folk tales or children's stories about birds or insects? Tell a story you are familiar with.

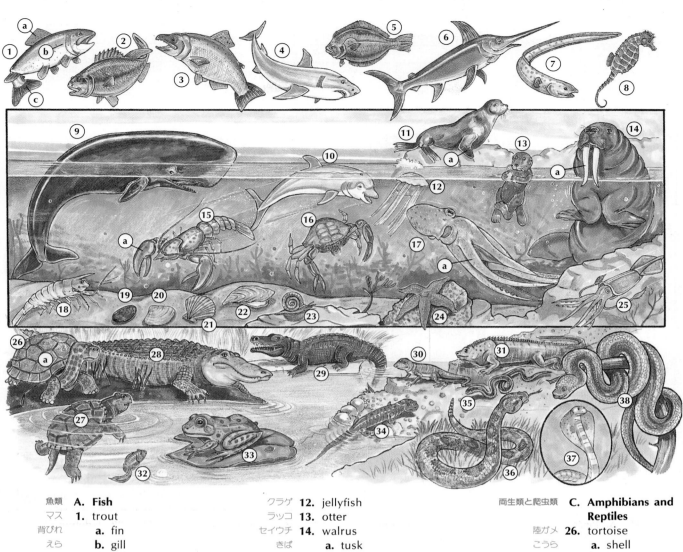

魚類	**A. Fish**	クラゲ	**12.** jellyfish	両生類と爬虫類	**C. Amphibians and**
マス	**1.** trout	ラッコ	**13.** otter		**Reptiles**
背びれ	**a.** fin	セイウチ	**14.** walrus	陸ガメ	**26.** tortoise
えら	**b.** gill	きば	**a.** tusk	こうら	**a.** shell
尾びれ	**c.** tail	イセエビ	**15.** lobster	海ガメ	**27.** turtle
スズキ	**2.** bass	はさみ	**a.** claw	ワニ（アリゲーター）	**28.** alligator
サケ	**3.** salmon	カニ	**16.** crab	ワニ（クロコダイル）	**29.** crocodile
サメ	**4.** shark	タコ	**17.** octopus	トカゲ	**30.** lizard
カレイ	**5.** flounder	触手	**a.** tentacle	イグアナ	**31.** iguana
メカジキ	**6.** swordfish	小エビ	**18.** shrimp	オタマジャクシ	**32.** tadpole
ウナギ	**7.** eel	ムール貝	**19.** mussel	カエル	**33.** frog
タツノオトシゴ	**8.** sea horse	ハマグリ	**20.** clam	サンショウウオ	**34.** salamander
水生動物	**B. Sea Animals**	ホタテ貝	**21.** scallop	ヘビ	**35.** snake
クジラ	**9.** whale	カキ	**22.** oyster	ガラガラヘビ	**36.** rattlesnake
イルカ	**10.** dolphin	カタツムリ	**23.** snail	コブラ	**37.** cobra
アザラシ/アシカ/	**11.** seal	ヒトデ	**24.** starfish	ブラジルボア（王蛇）	**38.** boa constrictor
トド/オットセイ		イカ	**25.** squid		
ひれ足	**a.** flipper				

[1–38] A. Is that a/an _____?
B. No. I think it's a/an _____.

[26–38] A. Are there any _____s around here?
B. No. But there are lots of _____s.

What fish, sea animals, and reptiles can be found in your country?
Which ones are endangered and need to be protected? Why?

In your opinion, which ones are the most interesting?
the most beautiful? the most dangerous?

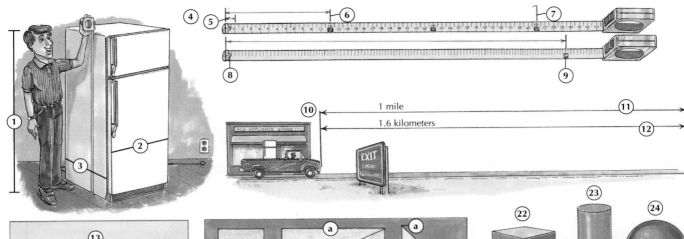

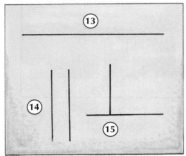
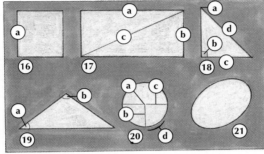
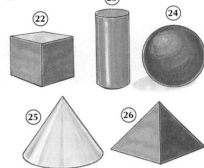

1 mile

1.6 kilometers

寸法	**A. Measurements**		平行線	**14.** parallel lines		二等辺三角形	**19.** isosceles triangle
高さ	**1.** height		垂直線	**15.** perpendicular lines		鋭角	**a.** acute angle
幅	**2.** width		幾何図形	**C. Geometric Shapes**		鈍角	**b.** obtuse angle
奥行き	**3.** depth		正方形	**16.** square		円	**20.** circle
長さ	**4.** length		辺	**a.** side		中心	**a.** center
インチ	**5.** inch		長方形	**17.** rectangle		半径	**b.** radius
フット - フィート	**6.** foot-feet		たて	**a.** length		直径	**c.** diameter
ヤード	**7.** yard		よこ	**b.** width		円周	**d.** circumference
センチメートル	**8.** centimeter		対角線	**c.** diagonal		だ円	**21.** ellipse/oval
メートル	**9.** meter		直角三角形	**18.** right triangle		立体図形	**D. Solid Figures**
距離	**10.** distance		頂点	**a.** apex		立方体	**22.** cube
マイル	**11.** mile		直角	**b.** right angle		円柱	**23.** cylinder
キロメートル	**12.** kilometer		底辺	**c.** base		球	**24.** sphere
線	**B. Lines**		斜辺	**d.** hypotenuse		円すい	**25.** cone
直線	**13.** straight line					角すい	**26.** pyramid

1 inch (1")	= 2.54 centimeters (cm)
1 foot (1')	= 0.305 meters (m)
1 yard (1 yd.)	= 0.914 meters (m)
1 mile (mi.)	= 1.6 kilometers (km)

[1–9]
A. What's the [1–4] ?
B. .... [5–9] (s).

[11–12]
A. What's the distance?
B. .... _____(s).

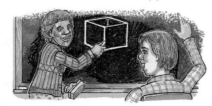

[16–21]
A. Who can tell me what shape this is?
B. I can. It's a/an _____.

[22–26]
A. Who knows what figure this is?
B. I do. It's a/an _____.

[13–26]
A. This painting is magnificent!
B. Hmm. I don't think so. It just looks like a lot of _____s and _____s to me!

宇宙 **A. The Universe**
星雲 **1.** galaxy
星 **2.** star
星座 **3.** constellation
北斗七星 　　**a.** The Big Dipper
小熊座の小びしゃく 　　**b.** The Little Dipper

太陽系 **B. The Solar System**
太陽 **4.** sun
月 **5.** moon
惑星 **6.** planet
日食 **7.** solar eclipse
月食 **8.** lunar eclipse
流れ星 **9.** meteor

すい星 **10.** comet
小惑星 **11.** asteroid
水星 **12.** Mercury
金星 **13.** Venus
地球 **14.** Earth
火星 **15.** Mars
木星 **16.** Jupiter
土星 **17.** Saturn
天王星 **18.** Uranus
海王星 **19.** Neptune
冥めい王星 **20.** Pluto

宇宙探検 **C. Space Exploration**
人工衛星 **21.** satellite

宇宙観測機 **22.** (space) probe
宇宙船/人工衛星 **23.** space craft/orbiter
宇宙ステーション **24.** space station
宇宙飛行士 **25.** astronaut
宇宙服 **26.** space suit
ロケット **27.** rocket
ロケット発射台 **28.** launch pad
スペースシャトル **29.** space shuttle
ブースターロケット/補助推進ロケット **30.** booster rocket
（地上の）宇宙管制センター **31.** mission control
UFO/ **32.** U.F.O./
未確認飛行物体/ 　　Unidentified
空飛ぶ円盤 　　Flying Object/
　　flying saucer

[1–20]
A. Is that (a/an/the) _____?
B. I'm not sure. I think it might be (a/an/the) _____.

[21–27, 29, 31]
A. Is the _____ ready for tomorrow's launch?
B. Yes. "All systems are go!"

Pretend you are an astronaut traveling in space.
　What do you see?
Draw and name a constellation you are familiar with.

Do you think space exploration is important? Why?
Have you ever seen a U.F.O.? Do you believe there is
　life in outer space? Why?

索引の見方：太い数字は単語の掲載ページを示し、右側の細い数字はそのページ上のイラスト番号および単語リスト番号を示しています。例えば、"north 5-1"は、north という単語が5ページの項目1に掲載されていることを意味します。

long **40**-3, **61**-1
long johns **58**-10
long underwear **58**-10
long-sleeved shirt **57**-1
loom **109**-10
loose **40**-13, **61**-4
lotion **74**-12
loud **40**-45
loudspeaker **10**-22
loveseat **14**-19
low **40**-8, **61**-8
low-fat milk **46**-2
lower *the shades* **11**-26
luggage **95**-11
luggage carrier **92**-13, **96**-19
luggage compartment **95**-19
luggage rack **92**-13
lumber **91**-25
lunar eclipse **121**-8
lunch **8**-17
lunchroom monitor **77**-21
lungs **69**-66

macaroni **46**-24
macaroni salad **48**-14
machine **90**-11
mad **43**-19
magazine **49**-86, **76**-23
magnolia **113**-13
mail bag **75**-32
mail carrier **75**-31
mail slot **75**-24
mail truck **75**-29
mailbox **25**-2, **26**-4, **75**-30, **86**-5
mailer **89**-20
mailing label **89**-21
mailroom **86**-14
make breakfast **8**-16
make dinner **8**-18
make lunch **8**-17
make the bed **8**-11
makeup **23**
mall **37**-22
mandolin **112**-9
mane **116**-32a
mango **44**-10
manhole **38**-11
manila folder **89**-16
mantle **14**-23
manual transmission **93**-75
map **10**-25
maple **113**-18
marbles **109**-36
margarine **46**-9
markers **65**-23
marmalade **49**-48
marquee **110**-32
married **40**-47
Mars **121**-15
mascara **23**-38
mashed potatoes **55**-20

mask **90**-5, **107**-14,19
masking tape **89**-26
mason **80**-10
mat **103**-43, 53
matchbox car **65**-16
material **109**-7
maternity shop **36**-6
math **78**-1
mathematics **31**, **78**-1
mattress **17**-22
mayonnaise **48**-33
meadow **114**-3
meal **97**-27
measurement **120**-A
measuring cup **19**-17
measuring spoon **19**-18
meat **47**-G
meatloaf **55**-13
mechanic **82**-2, **92**-42
mechanical pencil **88**-34
media section **76**-16
median **94**-13
medical chart **73**-26
medicine **74**
medicine cabinet **22**-19
medicine chest **22**-19
memo holder **88**-6
memo pad **89**-12
Men's Clothing Department **62**-3
men's room **62**-7
Mercury **121**-12
merry-go-round **100**-8
message board **86**-4
message pad **89**-14
messenger **81**-18
messy **40**-42
metal detector **96**-8
meteor **121**-9
meter **95**-38, **120**-9
meter maid **38**-18
mezzanine **110**-15
microcassette recorder **87**-10
microfiche **76**-5
microfilm **76**-4
microwave **53**-25
microwave (oven) **18**-15
Middle East **6**-5
middle finger **69**-47
middle lane **94**-15
middle name **1**-3
middle seat **97**-17
midnight **32**
mile **120**-11
milk **46**-1, **54**-21
minivan **93**-88
minus **31**
mirror **17**-18, **22**-18
miserable **42**-13
mission control **121**-31
mistake **11**-19
mittens **59**-26

mix **53**-15
mixed vegetables **55**-24
mixer **19**-23
mixing bowl **19**-15
mobile **20**-6
mobile home **13**-7
moccasins **58**-36
model **82**-3
model building **109**-N
model glue **109**-23
model kit **65**-20, **109**-22
model paint **109**-24
modeling clay **65**-27
modem **64**-7
money **66**
money order **67**-11, **75**-15
monitor **64**-2
monkey **117**-42
monkey bars **100**-20
monkey wrench **28**-8
Monopoly **109**-32
month **33**
monthly statement **67**-3
moon **121**-5
moose **116**-5
mop **24**-13,14,15
mortgage payment **27**-21
mosquito **118**-32
motel **36**-7
moth **118**-35
mother **2**-3
mother-in-law **3**-6
mountain **114**-4
mountain climbing **99**-C
mouse **64**-5, **116**-8
mousetrap **29**-24
mouth **68**-19
mouthwash **23**-22
movie **111**-C
movie projector **10**-34
movie screen **10**-31, **64**-23, **110**-37
movie theater **36**-8
movies **110**-E
mow **85**-15
mozzarella **48**-10
muffin **54**-2
muffler **92**-22
muggy **98**-7
multiplication **31**
mum **113**-31
muscles **69**-73
museum **36**-9
mushroom **45**-23
music **78**-21, **111**-A
music store **36**-10
musical (comedy) **111**-15
musical instrument **112**
musician **110**-21
mussel **47**-66, **119**-19
mustache **68**-25
mustard **48**-25

nacho chips **48**-19
nachos **55**-5
nail **28**-28
nail brush **23**-12
nail clipper **23**-11
nail file **23**-9
nail polish **23**-31
nail polish remover **23**-32
name **1**-1
nameplate **88**-9
napkin **16**-9, **49**-51
narrow **40**-22, **61**-16
nasal spray **74**-8
nationality **12**
natural gas **114**-30
nauseous **71**-29
navy blue **56**-15
neat **40**-41
neck **68**-27
necklace **60**-5
necktie **57**-27
nectarine **44**-7
needle **72**-23, **109**-5, **113**-9
needlepoint **109**-E
neon green **56**-18
nephew **3**-4
Neptune **121**-19
nervous **43**-24
nest **118**-1a
net **102**-31, **107**-28
new **40**-27
news program **111**-28
newscaster **82**-4
newspaper **76**-22
newsstand **39**-37
nickel **66**
niece **3**-3
night club **36**-11
night light **20**-8
night table **17**-14
nightgown **58**-2
nightshirt **58**-3
nightstand **17**-14
nipple **21**-15
no left turn sign **94**-34
no right turn sign **94**-35
No Smoking sign **97**-20
no U-turn sign **94**-36
noisy **40**-45
noodles **46**-23, **55**-23
noon **32**
north **5**-1
North America **6**-1
northeast **5**-5
northwest **5**-6
nose **68**-15, **97**-36
nostril **68**-16
note pad **89**-12
notebook **10**-11
notebook computer **64**-11
notebook paper **10**-12
notes **11**-30

Cardinal Numbers 30

1	one
2	two
3	three
4	four
5	five
6	six
7	seven
8	eight
9	nine
10	ten
11	eleven
12	twelve
13	thirteen
14	fourteen
15	fifteen
16	sixteen
17	seventeen
18	eighteen
19	nineteen
20	twenty
21	twenty-one
22	twenty-two
30	thirty
40	forty
50	fifty
60	sixty
70	seventy
80	eighty
90	ninety
100	one hundred
101	one hundred (and) one
102	one hundred (and) two
1,000	one thousand
10,000	ten thousand
100,000	one hundred thousand
1,000,000	one million

Ordinal Numbers 30

1st	first
2nd	second
3rd	third
4th	fourth
5th	fifth
6th	sixth
7th	seventh
8th	eighth
9th	ninth
10th	tenth
11th	eleventh
12th	twelfth
13th	thirteenth
14th	fourteenth
15th	fifteenth
16th	sixteenth
17th	seventeenth
18th	eighteenth
19th	nineteenth
20th	twentieth
21st	twenty-first
22nd	twenty-second
30th	thirtieth
40th	fortieth
50th	fiftieth
60th	sixtieth
70th	seventieth
80th	eightieth
90th	ninetieth
100th	one hundredth
101st	one hundred (and) first
102nd	one hundred (and) second
1,000th	one thousandth
10,000th	ten thousandth
100,000th	one hundred thousandth
1,000,000th	one millionth

Days of the Week 33

Sunday
Monday
Tuesday
Wednesday
Thursday
Friday
Saturday

Months of the Year 33

January
February
March
April
May
June
July
August
September
October
November
December